遇見完形的我

用覺察、選擇、責任與自己和好，
解鎖人生難題

曹中瑋／著

各界推薦

本書呈現一位長期耕耘於完形諮商的心理師豐盈的完形面貌。透過故事、電影、戲劇、與案例，穿插著作者個人跌宕起伏的生命體驗，細膩地描繪出其與完形理論交相影現的完形生活與完形人生，其間綿延不斷的遞迴與疊代，讀來令人不忍釋卷。

——金樹人（國立臺灣師範大學教育心理與輔導學系名譽教授）

一個好的治療師是流動的，中瑋老師的完形已經走出傳統的完形，她的完形是實踐出來的，透過實踐與生命的洗鍊，她創造出屬於她個人特色的曹氏完形，那樣的完形是有溫度、充滿人文關懷、有本土味的完形。書中運用戲劇來解說情緒的敘事風格，是我喜歡的。如果你想深刻理解人性、認識自已，這本書是不錯的選擇。

——周志建（諮商心理師、故事療癒作家）

中瑋老師是我從業以來的督導，也是我重要的啓蒙與典範。完形學派講求覺察、責任、界限，而中瑋老師的風範即體現此學派的眞諦，鼓勵我們接納眞實的自己，溫和而堅定地表達自我並建立界限。《遇見完形的我》這本書，是臺灣第一本以完形治療爲主軸的大衆心理書籍，非常精采，必然能帶給閱讀者極大的收穫。

——周慕姿（諮商心理師）

中瑋又出書了，表面看起來是一本完形心理專業的書，實際上，我卻看到了中瑋對生命的深情。作爲一輩子泡在心理療癒的大海中的人而言，不可能不和自己的生命對話，也不可能不在人類相互感通的深處提煉慈悲。她說的平常，我卻流淚了。

——楊蓓（法鼓文理學院生命教育碩士學程主任）

中瑋老師以她一貫溫暖、眞誠且平易近人的文筆，透過不同戲劇及人生故事的視野，不僅帶出完形治療的精髓，也讓人在閱讀的過程中，不知不覺地被深深觸動，進而與內在的自己相遇，走向自己的「完形」歷程。閱讀這本書，是個被深刻接納、理解且被療癒的經驗，覺得很幸福！

——謝文宜（實踐大學家庭研究與兒童發展學系教授）

王浩威（精神科醫師）

呂旭亞（榮格分析師）

鄧惠文（榮格分析師／精神科醫師）

——感動推薦

推薦序

領會完形，成為完整及內外合一的自我

蘇絢慧

「完形諮商」對一般民衆來說，或許不是很熟悉，但在心理諮商與治療領域，完形諮商與治療是情感與經驗取向學派之一，就算未深入鑽研學習，也絕對是有必要認識的一門心理治療方法。

在我未成爲諮商心理師之前，曾是心理諮商個案的我，已深受完形治療的啓發和修復。當我成爲心理諮商研究所的學生後，在上課教室裡，透過一點一滴的領略完形諮商如何看待人、理解人的內在，以及如何解決心理困擾的原理，那種領悟及情感的震撼，猶如醍醐灌頂，至今仍印象深刻。

當時教導我「完形諮商」的老師正是本書的作者——曹中瑋教授。

在心理諮商與治療領域扎根奮鬥的專業人都知道，中瑋老師是臺灣完形諮商的代表人物之一。在我認爲，老師和完形諮商之間的關係，就有如武林人和劍的關係。見人如見劍，見劍如見人，老師和完形諮商已是人劍合一的狀態。這意味著老師將完形諮商的精髓融合進自身的生命中，並以知行合一的歷程透徹完形諮商的學理，傳達給我們所有學習中的後輩。如今能爲老師的新作撰寫推薦序，是我極大的榮幸。

完形的修復、影響與幫助

完形諮商提出「覺察、選擇、責任」的黃金鐵三角概念，而在本書中，老師從這個概念開始，深入講解完形諮商對人心理問題或人生困境形成的看法。一個人若無法清楚「覺察」自己內在或周邊外在的狀況，就很難做出較爲適當的「選擇」。當然，對於要成爲一位負責有擔當的成熟個體，就會造成阻礙和困頓。

清明覺察，是完形諮商理論極具重要性的觀點，這包括能對內瞭解自己的需求、情緒、能力、強項與弱點等等；對外能看清環境與他人的眞實狀態，瞭解周遭的各種資源和限制。這當中，必須能釐清及辨識許多心理防衛所製造的投射假象或想像。

但我們如何能眞正走到清明覺察的狀態，爲自己負起個體選擇的責任？關鍵在於能夠深度覺察。透過往內深入探究自我，才能進到更深層的覺察。我認爲，「覺察度不足」及「覺察障礙」是現代人無法爲自己的內外處境進行有益處的選擇，並且負責的主因。更常見的是，人們會陷落在某一情境中，以一種萬事不由人的姿態，來面對自己無能爲力的生命處境。這都是來自我們無法清明覺察內外在的眞實狀態，甚至不想面對，以逃避的方式，迴避自我負責。

當然，在我們的生活處境中，影響覺察的內外干擾甚多，於內是我們情緒的起伏、未竟議題；於外是社會文化的框架、權威父母師長的制約、他人的評價和要求等等……這些影響因素限制我們深度覺察，也就影響我們眞正做出自己所要的選擇，而進入逃避的迴圈裡無法覺醒。本書中便有許多探討和說明，可以協助我們開始練習覺察，鬆動及進入較深度的自我面對。

完形治療，過去是幫助我生命修復療癒過程的引導和助力；臺灣完形治療大師曹中瑋教授，既是影響我至深的指導教授，也是我專業學習的典範；完形諮商核心理論和技術更是我心理諮商工作中，最常運用的專業智能及技術。基於上述原因，我萬分欣喜地向大眾及專業學習者推薦中瑋老師的這本新書，我相信你必定能從本書領悟及洞察更深的自己，為內在的和好與整合，更增添一份啓動的力量和智慧。

（本文作者為諮商心理師、璞成心遇空間心理諮商所所長）

第一部分 活用完形諮商，重新看見自我

第三章 自我界限與各種逃避策略

第二部分 實踐完形，不同的人生體會

第四章 好好面對情緒

第八章 人生體悟

前言

走向完形的這條路

「好好活著，活在當下，帶著既好奇又謙卑的心，平靜地面對生命中所有的遭逢。」這是我對即將到來的老年生活之自我期許。

曾經，我並不喜歡自己。嫌棄自己過胖的身材；討厭自己常被情緒困住；怨怪自己很沒用，看不慣很多事，卻又不敢大聲說出來或做些什麼，甚至不敢生氣。

曾經，總感覺自己是個虛有其表的大學教師，不如其他人那麼有學問，學術能力也不佳，不常發表研究論文。只是奮力地「扮演」好我在工作上的各種角色，但心中充斥著擔憂，深怕被人看穿自己其實內在並非如外在所是……

曾經，總是習慣性地焦慮，怕經手的事情、教學和演講會被自己搞砸；出了點小差錯，很快就會習慣性地全盤否定自己。

曾經，我內在充滿矛盾，這些內在的衝突消耗了我許多能量，讓我常有耗竭的感覺，卻又反過來自責沒能全力以赴。

曾經，我沒有真正活著的感覺，厭世感常盤據心頭。當我如此看待自己，想到的和記起的都是那些做不好的、挫折的、沒達到自己和他人期待與要求的經驗。他人的讚許與肯定，則很難收得進心裡。

還好，我用心在自己所學的心理諮商領域耕耘。那些能幫助別人的方法，多少也能在自己身上，展現短暫的效果。而我也運用承襲自家庭和社會的教條——「只問耕耘，不問收穫」「比上不足，比下有餘」「雖笨鳥慢飛，仍能抵達目標」「夠認真努力，總會做出成績而被人看見」……讓自己持續下去。但是，心真的好累……

直到一九九四年春，我與完形治療真正「接觸」，這一切才有所改變。

遇見完形自我的轉捩點

我參加由卡羅．席森（Carol Sisson）博士帶領的完形治療工作坊。席森博士很溫暖且尊重人，處理我在夢裡看到生死簿的驚嚇夢，竟能碰到我內在無法自我肯定的議題，讓我感到既神奇又震撼。我動了心，想好好學習這個學派。同年，我也立即報名蘿絲．娜吉亞（Rose Najia）帶領的完形治療「夢」工作坊。

第二年，耕心協談中心爲即將開辦四年的「完形治療訓練工作坊」，舉行長達十二天的行前工作坊，正是由蘿絲．娜吉亞和東尼．凱（Tony Key）兩位風格迥異的老師分別帶領。之後，我完成那四年的「完形治療訓練」。（國外多稱「心理治療」，因此談接受國外的訓練時，我用治療兩字。但國內稱「心理諮商」，而我則是諮商心理師，其他的部分我都會用心理諮商）。

完形諮商學派相信，只有透過「親身體驗」的經驗，才能被納入個人的內在系統，進而產生眞正的改變。且創始人波爾斯曾說過：「完形諮商並沒有任何『技術』！」心理師要以高度創意，設計出讓當事人體驗的實驗活動。所以在學習的那幾年，我們課程的重點不是學習怎麼在工作中運用完形諮商的各項技術，而是整理我們每個人的個人議題。（以下多數引號中的完形專有名詞，都會在本書中逐篇說明與討論。）

我持續練習「**內、外界覺察**」，逐漸能打開五感（看、聽、嗅、嘗、觸）領略世界之美，注意傾聽身體的聲音和面對情緒的起落。

我重新檢視並試著鬆動「**內攝**」所吞進的固有信念和偏見，以便能較爲如實地和外在的人、事、物接觸，而不是自動化的立即加以主觀詮釋與評斷。

我也慢慢地一一認回自己不接受，甚或「**投射**」出去的特質，承認過往逃避或壓抑下的需求、渴望和夢想。前者讓我整合了自己，成爲較完整的我；後者使我能再次衡量「自我所擁有的資源與缺少的能力」及「外在環境的條件和限制」後，知道有的需要放下，有的則能更勇敢、更有方法地努力追求而獲得滿足或進一步實踐。

我更處理了一些「**未竟事宜**」，不再莫名地受到之前經歷所記憶下的情緒干擾，能夠只針對現下發生的狀況去因應。

當然，不是在學習完形那幾年即獲得如此多的收穫，之後我更在教學、諮商、督導工作中融入完形諮商學派的精神，不斷地與學生、個案和受督者相互交流與成長。

於是，這二十五年間，我的一切改變是以螺旋的方式緩慢進展著。每一年，甚至可誇張一點說，近幾年的每天，我都能感覺到自己有小小的不同。這數十年來，我經歷過的成功、挫敗、痛苦和充滿挑戰的一切經歷，都對成就現在的我有所貢獻。然而，我也不得不說，進入完形諮商的殿堂確實是我人生中非常關鍵的轉捩點。

扎根文化，開展屬於臺灣社會的完形

我一向關心華人社會文化的議題，在實務應用完形諮商時，我必然需要不斷因應當時當地的狀況，加以微調和增添其內容。

我針對波爾斯完形治療理論中的兩大部分，做了相當幅度的調整：

其一，我發現華人忽視自我力量的發展，所以特別提出「主體性自我」、創建「『我』王國」這個概念——做自己的主人（當「我王國」的國王），爲照顧、接納自己負起眞正的責任。在完形諮商的「黃金鐵三角」中，「選擇」這部分也同樣需要先賦能於做選擇的「這個人」，才可能在「清明覺察」後勇敢做出選擇或決定。而處理未竟事宜時亦然，若「現在的我」力量不足，則難以有勇氣和能量重新經驗過往的困境，或照顧當時受苦的自己，也就不容易達成完「形」。

其二，東方人和西方人因在乎的事情不同，會有些獨特的情緒，如委屈；會有些特別強烈但又壓抑的情緒，如嫉妒；更由於對情緒的觀點相異，在情緒表達上也不太一樣，如我們通常不會好好生氣，容易扭曲、壓抑、累積憤怒情緒，甚或「迴射」向內，出現自我譴責或形成過高的罪惡感，造成更複雜的情況。

慢慢地，我更體會到完形諮商學派不只是個治療的理論派典，它的核心精神更具有很深刻的人生哲理，對每個想要眞眞實實地活在這個世界上的人，都很有助益。

你我相會，必然是美好的開端

因秉持著「好東西一定要和所有人分享」的心，我起心動念，想寫出這本書。這心願持續很久，因此這本書的有些篇章是這八、九年來陸續寫成的。然而，遲遲未能成書，背後有個很核心的擔憂——想要將完形諮商的「理念」以更親民的方式呈現，讓所有人都能領會，必然需要引用很多眞實的生命故事來闡述。但要詳細描述個案的心理歷程，太容易違反諮商倫理，即使透過改寫、徵得個案同意，仍會有爭議。如某位個案同意我對他的描述，但若有類似議題的個案看了，還是可能覺得說的是他自己。這可不是「本故事純屬虛構，如有雷同實屬巧合」一句話所能交代的（我必須承認，對這點我有潔癖）。

考量了很久，發現善用已上映的電影和戲劇裡的角色人物故事當例子，是個不錯的方法。戲如人生，但既是公開上映的戲劇，也就沒有揭人隱私的問題。我更可以大膽推論主角的內心世界和可能形成的原因與脈絡……

而且我愛看電影、戲劇，平常偶爾也會寫點觀後感，自認這構想應該挺容易實踐的。沒想到，不但選擇電影以配合我想說的主題一點都不容易；如何簡要地說好故事，才能一方面闡述清楚我的觀點，另方面又能帶讀者進入而有所共鳴，更難。

在這本書中，我大概談了二十一部劇和電影，還有三篇小說。但我選片的規準並不是從拍攝手法的好壞或叫座與否出發，而是這些通常是我剛好回想或看到，又恰巧適合我要寫的內容，因此沒有推薦這些影片的意思。

當然，這本書能眞的完成，很感謝究竟出版社副總編良珠和企畫佩文去年的力邀，且提供專業編輯上的建議，讓我能積極地重新整理舊有的十幾篇稿件，並依據心中理想的架構撰寫出新的篇章，才終能完成這懷抱已久的心願……

本書分爲兩大部分，第一部分〈活用完形諮商，重新看見自我〉，以三章十五篇文章系統性地介紹完形諮商的理論內涵，如何運用於生活中，讓我們能不受過往經驗或情緒干擾清明覺察，然後勇於做出能承擔與負責的選擇。

第二部分〈實踐完形，不同的人生體會〉，透過五章二十三篇文章，談談我這一路來學習與運用完形諮商所獲取的心得體會。除了討論情緒相關議題、主觀的詮釋與歸因，以及個別差異三個部分，我也試著討論完形諮商中很少提及的人性黑暗面。

我雖一直堅信人人都有向善的種子，至今未變，但我仍深刻體會到，需要承認、面對與接納內心深處出於各種因素所造成的惡，才真能讓善的種子發芽茁壯，進而確實拉遠我們與惡的距離。（完形諮商有兩極的觀點，我想，若說人們有「天使」向善的一極，那自然也會有「惡魔」的另一極吧！）

此外，即將進入初老的我，也開始思索各種與生命相關的議題，留待本書最後幾篇文章中，與讀者分享初淺的體會。

最後，感謝辛苦的責編緯蓉，她不僅文字功力好，且領悟力強、很快進入狀況，精準地潤飾我的文章，讓其更順暢且易讀。

我雖不是基督徒，但這幾年以下面這三句話自勉，期許自己離開人世時，能坦然而無遺憾地說：

「那美好的仗我已經打過了，當跑的路我已經跑盡了，當所信守的道，我已經守住了。」

這一生我認眞踏實地活過了，努力盡心地做我該做的事；我在傳承的這條路上，奮力地跑向前，試圖交出我的棒子；我更信守著對人、對生命、對大自然的尊重和愛，勇於實踐。

感謝我自己，更感謝所有在我生命中交會相遇的人們……希望這本書能夠幫助大家如實接納自我，遇見完形的自己。

第一部分

活用完形諮商，重新看見自我

第一章

覺察、選擇、責任的黃金鐵三角

1 完形「黃金鐵三角」之「覺察」

一部國片《寒單》述說在臺東小鎮發生的一個沉重故事。

故事主角之一，是剩下半年實習課程就將成爲正式老師的林正昆。他自幼喪父，母親做辛苦的資源回收工作，拉拔他長大。他也很懂事聽話，求學過程認眞努力，成績總是名列前茅。簡陋的住家牆壁上貼滿他所得的各式獎狀，成了家中美麗的壁紙和母親心裡最大的安慰。

女主角萱萱是個活潑開朗的女孩，懷著當上歌手的夢，遠赴臺北打拚。

而另一位男主角阿義，家境原本不錯，但父親酗酒和賭博，並常對妻子家暴，造成阿義的母親受不了離家，而後父親也下落不明。阿義由祖母養雞、賣雞維持著這個家。阿義不愛念書，中學畢業就開始混幫派，還賣毒品。

他們三人自小相識，是鄰居也是同屆同學。林正昆似乎一直暗戀著萱萱，但萱萱只把林正昆當好朋友。萱萱喜歡的是阿義，一直期盼阿義也去臺北發展，兩人能在他鄉相伴相守。阿義也愛萱萱，但不忍拋下年邁的阿嬤，還在掙扎著。

他們所在的小鎭，每年元宵節都保持著傳統民俗「炸寒單」的活動。寒單古字邯鄲，寒單爺爲商周人氏，《封神演義》中封其武財神。炸寒單的活動是由志願的男子充當寒單爺肉身，赤身接受信衆炮炸。擔任者多爲求富貴、還宿願或贖罪。

一九九五年冬，萱萱返鄉過年。阿義想爲阿嬤求富貴健康，自己才能放心與萱萱共同離家赴北，而自願擔任寒單爺肉身。林正昆則開心地放寒假，等待著去學校進行準老師的實習。

沒想到，因爲一個衝動的選擇，毀了這三個年輕人原本的人生腳本。

年節期間一晚，林正昆幫母親至鎭上的酒店收酒瓶，竟撞見阿義和萱萱在暗巷親熱。兩人發現看傻眼的林正昆，只好停下互動。萱萱大方地要林正昆保守祕密，不能告訴她家人；阿義等萱萱離開，悻悻然地拍拍林正昆的臉頰說：「撿破爛的，口水也擦一下嘛！」這句話引發林正昆中學時代被霸凌的痛苦經驗。

中學時代的林正昆不只功課好，更當選多屆模範生，自然不會和阿義這些在學校鬧晃不愛念書的同學打交道。以阿義爲首的一小群同學，則總愛找林正昆的麻煩，打落他的東西、弄翻他的飯盒、嘲笑他是撿破爛的，都用他人丟掉不要的東西，甚至對他動手動腳挑釁，又威脅模範生不可還手。林正昆確實也都忍下來了。

這次不同，阿義搶走他心愛的女孩，還嘲笑他。新仇舊恨讓林正昆失去判斷力，決定在元宵節阿義下寒單爺後，再補他一顆大炮竹。那夜，林正昆抓到好時機，正將點燃的炮竹丟向光著上身的阿義時，掛心阿義的萱萱也在現場，發現這突如其來的攻擊，快速跑過去擋在阿義面前。炮竹炸開，竟還點燃一旁炸寒單活動尚未使用的一箱炮竹。萱萱當場被火焚身而亡，阿義在搶救過程中也被炸毀右手。

雖然沒有人發現是林正昆引發這場災難，但可想見他心裡有多痛苦和悔恨。罪惡感使他無法如期實習和繼續學業；他選擇花最大的力氣去「救」陷入黑洞、放棄自己的阿義；同時，他還在每年元宵當寒單爺被信衆炮炸，藉此贖罪……

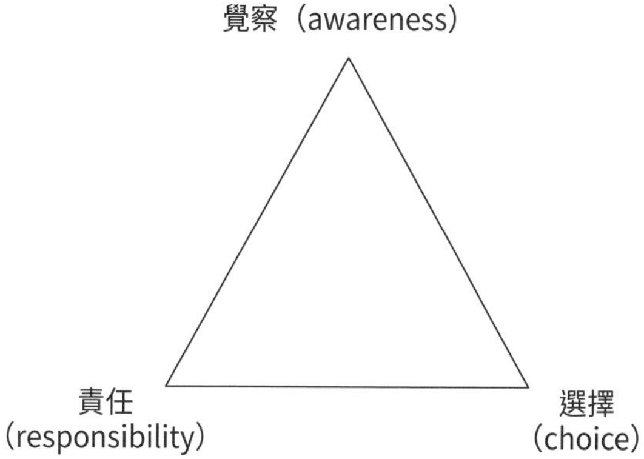

覺察、選擇、責任的黃金鐵三角 ①

超越知道、看見、理解的清明覺察

完形諮商學派的核心精神，和其他諮商、治療理論有些不同。此學派提出覺察、選擇、責任的「黃金鐵三角」（如上圖）概念，並將諮商或心理治療的主要目標放在鐵三角中的「覺察」——對自我內在的需求、情緒感受等清明覺察，同時清楚瞭解外在環境（含他人）的各種樣貌。

所有心理助人工作的終極目標，都期盼幫助人們能自我選擇（擁有自由／自由意志），並對所選擇的結果「負起責任」。或說，希望人人能成爲一位負責有擔當的成熟個體。完形諮商學派自然也是。

但完形諮商認爲：一個人若無法清楚「覺察」自己內在或周邊外在的狀況，就很難做出較爲適當的「選擇」。而當所選、所做有誤或不恰當，又該如何能對結果承擔起責任？就像《寒單》中的男主角林正昆，在累積很久的憤怒促使下，「選擇」丟出點燃的炮竹。

他自然沒想到會炸死心愛的萱萱，或讓阿義失去右手。然而他到底眞能爲這樣「選擇」的後果，負起什麼責任？即便他受法律制裁、被判了重刑，但對自己的未來、對死去的萱萱和受傷殘障的阿義，以及他們三人的家庭，他可以承擔哪些「責任」？此錯誤「選擇」所造成的一切傷害，都是難以彌補的。當然，林正昆用自己的方式在贖罪，而這部片的重點也以事件發生後，林正昆和阿義之間的故事爲主。

因此在諮商中，完形學派認爲「責任」只是個「選擇」後的結果而已。「黃金鐵三角」代表的意義是：只有當我們能清明覺察，我們才可能爲自己做出較適當的「選擇／決定」；只有當我們做了合宜的選擇，才容易坦然、歡喜地承擔起「責任」。

清明覺察包括對內瞭解自己的需求、情緒、能力、強項與弱點等等；對外看清環境與他人的眞實狀態，瞭解周遭的各種資源和限制。

但是，要如何幫助自己或他人達到清明覺察的狀態呢？有些人可能會誤以為要讓感官更敏銳、更小心翼翼地去觀察周遭事物，或想得更周全。其實不然，我們之所以覺察無法清明，是因為受到幾個因素的干擾，或說汙染。因此，重要的是「移除」那些阻礙我們清明覺察的所有狀況。

以我的工作經驗，發現嚴重阻礙清明覺察的，通常有下列四大類狀況：

一、**大頭腦症**：以思考為主的「中界覺察」發展過大，干擾了我們感官和身體的覺察功能。（下一篇〈你聽到了嗎？你能感覺到嗎？〉裡會詳細討論）

二、**個人主觀經驗造成僵固的認知系統**：包含偏見和刻板印象、歸因的基本偏誤、扭曲的知覺與詮釋等等。（本書第六章各篇將分別討論此部分）

三、**形與景的轉換流暢度不佳**：完形諮商特別提出的「未完成事件／未竟事宜（unfinished business）」即是形與景轉換的問題。（本書第二章中，後三篇有專文討論）

四、**以各種形式阻礙人們覺察內在需求與情緒的「逃避策略」**。（本書第三章將以討論此部分為主）

此外，後三種阻礙清明覺察的狀況中，情緒都是個重要介質。也就是說，在上述狀況下，都會引發不愉快，甚至痛苦的混亂情緒。

如主角林正昆受社會偏見影響，內心認爲母親做資源回收工作，自己常用他人丟棄的回收物，很是丟臉。當別人也這樣笑他，引發的負向情緒自然較爲強烈。又如，過往被阿義帶頭的霸凌事件，當時因各種理由壓了下去，但並未處理，不時就會跑出來讓林正昆既憤怒又受傷，這可能就是「未完成事件」在作用。

情緒遭刺激啓動後，我們的思考判斷能力必然下降，情緒越強，認知下降程度就越大。同時，情緒高漲也容易扭曲我們的知覺和記憶、混淆我們內在眞實的感受，更容易誤判和誤解外在現實情況及他人的行爲。即使因爲不想面對而逃避或刻意壓下情緒，依然會引發情緒的生理作用，進而影響認知功能。尤其，當我們抑制情緒至潛意識時，更不知道它何時會跑出來干擾我們。

因此，嚴格地說，情緒是影響清明覺察眞正的核心因素！（本書第四章各篇將談論情緒對覺察的影響，及強烈情緒升起時的因應方式）

早期有些學者以酗酒者的治療爲例，對完形諮商以「覺察」爲主的處遇提出質疑。他們描述：這樣只能幫助原本不承認自己是酒鬼的人，「覺察」到自己有酗酒的問題，那又如何？他不過變成一位能覺知自己是酒鬼的酒鬼。

而完形諮商所說的「覺察」，其實不只是「知道、看見和理解」這麼簡單。完形諮商中的「覺察」是分為好幾個層次。最初，「覺察」的確是在知道、看見和理解這個層面，或說認知上的覺察。剛剛提到，知道或承認自己是酗酒者，就是在這個層次。這第一步的覺察確實還無法改變酗酒的行為，然而酗酒者要戒酒，勢必先要承認且面對自己的酗酒問題，才有改變的機會。因此，這仍是個重要的覺察，只是需要更進一步往內深入探究，才能到下一步的覺察。

此時，酗酒者逐漸體會到，造成自己酗酒行為背後的情緒和未能獲得滿足的各種需求。當他看清楚自己不停喝酒，除了是因為上癮，更是在逃避面對自己情感和事業上的挫敗。而這樣老是喝得醉醺醺的逃避，反而越不能滿足他渴望被愛和成就的需求，以致離自己所期盼的生活越來越遠。當酗酒者明白自己目前的選擇——用喝酒來麻醉自己——只能短暫「忘掉」失落的痛苦，不但對自己內心真正渴望的滿足沒有助益，更得到相反的結果。到達這個層次的覺察時，此人選擇戒酒並切實執行的機會便會大增。

再深一層的覺察，則是勇於「面對」自己在情感和事業上的失敗，能夠檢討失敗的可能因素，並評估自己哪些行爲可以修正、哪些內在需求需要調整。若這名酗酒者尚無法面對自己的挫敗，則須轉而去「找出」自己到底還在害怕什麼，才能眞正進入上述的深層覺察，繼而造成行爲的改變——戒酒。

當然，一層層清明覺察了自己的內在狀況和外在情勢之後，也不會一切都一帆風順……「做出選擇」和眞正去執行所選時，還有其他的難關要過。

選擇的難，就留待後續的文章再細說分明了！

① 引自曹中瑋著（二〇〇九）。《當下，與你真誠相遇：完形諮商師的深刻省思》。臺北市：張老師文化。頁四七。

2

你聽到了嗎？你能感覺到嗎？

你是否總是配著報紙、電視或電腦，匆匆吃完「該吃」的一餐；或和朋友聊天說笑，讓飯菜成爲背景？想想你有多久沒專心品嘗食物的美味了？

你是否常常心不在焉地聽著別人說話，只想著何時可以換你開口；或對不想聽的內容充耳不聞？想想你有多久沒有用心聆聽外界的各種聲音？

你是否經常忽略身體的疼痛痠麻，只急著完成手邊的工作；還是努力在螢幕上廝殺或堆疊「鼠鼠塔」？想想你有多久沒有認眞地回應自己身體的訊息？

你是否都在感到情緒湧現時，立即轉移、否認，並告訴自己：「情緒這東西最討厭了！少來干擾我。」

若以上這些問題都符合對你的描述，請注意了！你可能已罹患現代人常見的「疾病」——大頭腦症。它會使你逐步失去三分之二的美好人生。

完形諮商認爲人們具有三種覺察領域：一種是「**外界覺察**」，指運用我們的眼、耳、鼻、舌、皮膚等五官，來接收外在環境的訊息；另一種是「**內界覺察**」，是我們對身體內部的感知，如感到胃的灼熱感、喉嚨痛、氣息的流動，以及喜、怒等情緒感受，也屬這個範圍；而利用思考、想像、判斷、分析、計畫、比較、回憶等運作所得的覺知，是第三種：「**中界覺察**」。

人在出生後不久，前兩種覺察能力即已成熟，因此早年的成長，主要靠它們來探索世界及和他人互動。只是受語言能力的限制，成人不容易瞭解幼兒如何善用此兩種覺察管道。

隨著孩童認知能力逐漸發展，身邊的重要他人很自然地集中全力訓練中界覺察的能力，學校教育的教學內容更以此爲核心。中界覺察當然非常重要，但當教育過度以此爲主軸，則很容易剝奪另外兩種覺察的運作，讓少使用的功能逐漸用進廢退。

而父母、師長們也常爲了管教方便、工作太忙、事情太多，或主觀認爲大人的判斷較爲正確，而忽略，甚至否定了孩子本身內外界所覺察到的訊息，間接使這兩種覺察能力退化。

很多年前，曾在報紙上看到一篇小品文，描寫作者至友人家用餐的特殊經驗，記錄了一段相當不可思議的母女對話。

朋友讀幼稚園的女兒同桌吃飯，那是個相當乖巧有禮的可愛女孩。她安靜地吃完一碗飯，抬起頭來用稚嫩的聲音問媽媽：「媽，我吃飽了沒？」我吃驚地以為自己聽錯了，沒想到朋友看了看已吃乾淨的飯碗，很平常地說：「很乖，都吃完了，妳吃飽了。記得跟阿姨說：慢吃。」

我剛看完這文章時，也覺得實在離譜，哪有去問別人自己吃飽沒，這位母親的管教方式肯定有問題。但再仔細一想，不禁心驚！當時我女兒和那小女孩正好年紀相仿，我也曾說過類似的話呢！如：「不行，妳沒吃完，還沒飽的。」或對堅持說不冷的女兒說：「一定要穿上外套，妳會冷！」

從此，我若有機會和父母們討論子女教養問題，一定會提起這個小故事。通常剛講完，臺下的反應一定是：「太誇張了吧！」「怎麼有這樣的媽媽呀！」「超恐怖的！」但當我要大家想想自己有沒有說過類似「你還沒飽，不行去玩，再吃一口！」或「你一定會冷，穿上外套！」的話，所有在場的父母親都會很不好意思地笑了起來。

拒絕大頭腦症，重新感受你的人生

在我們的文化中，情緒被否定更是常見的現象。父母不准男孩子害怕和哭泣、不允許女孩子發脾氣。被教導不可以害怕的男孩，會不敢承認害怕而努力扭曲這種情緒，也許轉爲裝腔作勢的憤怒，或乾脆否認自己會害怕；不能生氣的女孩，壓抑憤怒到極限，常易轉換爲憂鬱和自我傷害。

更嚴重的是，當某些重要照顧者失職，施予情緒性的打罵暴力處罰、疏忽而未能提供適當的教養時，在這種情況下長大的孩子，爲躲避長期的身心痛苦，很容易封閉自己。他們就在這樣的成長歷程中，失去了自己的外在感官和內在身體與情緒的覺察，或減低了它們的敏銳度。封閉或減低感官接收力，值得參考的訊息和新的觀點自然也不容易進入。而情緒是情感重要的成分，不去經驗情緒，人會變得冷漠，難以與人建立情感關係。

通常，失去或減低過多身體和情緒的覺察能力，常會感覺不到自己的「存在」，進而懷疑自己的價值，或對外在環境充滿敵意。少了自我價值感，又戴上憤恨的黑色眼鏡，當別人很單純地將視線轉到他身上，他卻可能只「看到」別人不懷好意或不屑的眼光。

此外，中界覺察在腦中自行運轉，容易忽略「主觀我」以外的世界。且因它不受限於時空，也使人比較難以活在當下。故其發展過於強大時，會干擾與扭曲內、外界覺察。例如，家庭、學校及整體社會價值觀，常灌輸給孩子一些生存法則式的強制信念，這些信念會左右，甚至扭曲此人的所有覺察。像相信「若不能拿第一，就是我不夠好、不夠認真努力」的人，不是永遠兢兢業業地不敢懈怠，就是覺得自己很差、很糟。前者因此很難覺察自己身體的疲累，賣力精進時，也一定感覺不到肚子餓或口渴，以致嚴重傷害自己的身體；後者對所有自己表現不錯的訊息，都理所當然地聽不到，也看不見。

而自小形成負向自我概念的人，會因低自尊，很難相信自己外界感官接收的訊息和內界對身體、情緒的感受，習慣依循或模仿別人的看法與感受，過著不屬於自己的「人生」。

這些人都是「大頭腦症」的高危險群。

當然，過度運用思考、忽略感官與情緒，是現代人的通病。我們每個人多少都有些「大頭腦症」的症狀，不是全有或全無，只是嚴重與否而已。

所幸，這個受中界覺察全面控制的「大頭腦症」並不是絕症，而且除非為幼年創傷經驗所致，一般不須服用「藥物」，只要每天進行三至五分鐘的「復健」，持續足夠時日即可康復。這個「復健」最好每天在固定時間進行，可交替做內、外界覺察。關鍵在於，練習時須全然專注在感官或身體情緒的感受上，暫時讓中界覺察完全停止運作。例如：專心地只用視覺觀看一朵玫瑰花，單純地細看葉片上的紋路、花瓣色澤的變化，但不去聯想、不去比較，更不評論；又或者閉眼專注感受溫泉水和肌膚接觸的感覺，腦子不想事情①。

沒有中界介入的內、外界覺察練習，剛開始時並不容易，要有耐性、仔細地停留在各種細微的感覺和身體變化。假以時日，就能慢慢領會到外在世界的豐富和自己身體的美妙。

一名女子的「大頭腦症」減輕之後，神采飛揚地告訴我：「我騎著腳踏車在鄉間小路亂逛，可以清楚感覺到風吹在我雙臂肌膚上，陽光照在臉上，還聞到青草的味道呢！妳知道嗎？我感覺自己真的活過來了！」

---

①詳細的內、外界覺察練習方式，請見本書附錄一。

3 既不能踰矩，何來從心所欲？——談選擇自由與責任

生：「我讀不下去了，我根本沒有興趣。這醫科是我媽逼我念的，說我功課那麼好，不選醫科太可惜。能成爲醫生，就可以一輩子不愁吃穿又有地位。」

師：「若你自己選擇，你想念那個科系呢？」

生：「我也不知道耶……高中時，我文科不錯，當過校刊編輯，寫的文章也得過獎，平時很愛看小說和世界名著。」

師：「那你本來想選第一類組：文學？」

生：「也不是啦！文學只能當興趣，學這行，以後要找個收入不錯的工作不太容易吧！」

師：「所以你想選擇目前熱門行業的相關科系，譬如什麼呢？」

生：「我不知道，就是不想再待在醫學院，我完全無法再讀下去了！」

師：「我瞭解你不想讀醫科，那離開醫學院，你想轉系或重考到其他科系嗎？」

生：「我眞的不知道，我媽也不管我了，要我自己決定。我好焦慮，晚上幾乎都睡不著。我不知道該怎麼選，不知道什麼是自己要的？而且，我怕自己會選錯，若我自己選的又不喜歡，那太可怕了！」

這位說了無數次「不知道」的大男孩，焦慮不安地卡在生涯的十字路口動彈不得。原來的路走不下去，但也不敢決定往左轉或右轉。

「選擇」確實挺恐怖的，尤其很多事情選擇了，就容不得你重選；或選擇的結果不如當初所想，又根本承受不起。

這讓我想起在婚姻配偶的選擇上，有個「揀石頭理論」，譬喻選擇終生伴侶過程（也是一種決策）的爲難。

這理論說，選伴侶就如在一段寬闊的河床上揀選石頭，你可以完全自由地挑選出一顆最美、最喜歡的石頭，但必須嚴格遵循兩條規則：第一，只能往前走，不能回頭；第二，確定選擇，撿起那顆石頭後，就不行再更換。

看到這兒，有過經驗的讀者心中必定已是百感交集、感慨萬千。當揀選的旅程開始，沒走幾步就看見一顆晶瑩剔透、美麗極的石頭，你要不要揀呢？揀了，萬一等一下有更多更美的石頭，豈不懊惱死了！不揀，若之後再也選不到喜歡的石頭，那可怎麼辦？揀也不是，不揀也不是，於是有人眞的在遲疑中，直到盡頭也沒揀選出一顆石頭。

這都是因爲，你永遠無法預知，接下去的路途上會遇到什麼狀況！（蘇永康《舊愛還是最美》中，有句歌詞是：「錯過了，就再也遇不到那麼好的人」；而李香蘭也曾翻唱一首日本歌，歌名是《恨不相逢未嫁時》）。

「當機立斷選你所愛，之後忠誠堅定愛你所選。」這道理說來容易，然而不但很難做到，且即使勉力而爲，仍常在心底留下淡淡的遺憾。

以上只是單向的選擇，過程就充滿掙扎與痛苦。更多的選擇則是相互的：你依自由意志想選擇讀醫科，還不一定能考上，醫學系也要選擇他們認爲符合條件的學生；

你遇上一位喜歡並覺得適配的人，想選擇他／她成爲自己的伴侶，對方卻可能不喜歡你，或覺得兩人並不適合而拒絕你。

很多人不只怕選擇錯誤，要爲結果負責；其實更怕冒著被拒絕的風險，又無法面對遭拒的失落和痛苦，以致不敢做出選擇。於是，放棄自己的選擇權，甚至連透露出自己的意向都躊躇。

選與不選，都難

選擇的困難，還包括得放棄其他選項。因爲大多數的選擇，通常是從好幾個選項中決定一個你要的，其他的就必須捨棄。

女兒小時候，我會用買東西來訓練她做選擇。例如，帶她去選購愛吃的零食時，我事前會說清楚今天可以選擇幾種，只要在範圍內，她可以完全自行決定買什麼（我管教孩子基本上不嚴格，但規定好的一定堅定執行，而我答應的也盡量做到）。

有次，校外教學前一晚，我和同事一起帶著孩子們去買隔天旅行午餐外的零食。

我規定只能挑兩樣，女兒先選出三樣東西，在那裡拿起又放下，掙扎很久難以取捨。她哀求我，希望三樣都買。我只同理她，仍要求她選出兩種。同事很不忍地偷偷幫女兒求情，還怪我狠心，認爲多買一樣零食哪有那麼嚴重？

我也心疼孩子，瞭解放下也想要的零食有多難受。但這就是自由選擇要付出的代價之一——失去沒選的那個。放棄一樣零食都做不到，那以後在面對人生重大的選擇關卡時，如何能勇敢承受捨棄的痛做出「選擇」?!

有人會想，不選擇的話又如何？是否就不必經歷選擇前的猶豫不安；不須面對選擇後的責任；不用承受被拒絕的難堪；更不必體驗捨棄其他選項的遺憾。

其實，那也是你的一種「選擇」。只是，這時你放棄的選項是你人生的主權，將承受一切受制於外在環境和他人的結果，很可能完全無法滿足自己眞正的需要、喜好（不依循自己內在的聲音和渴望自由的選擇，而根本不敢接觸它們，如何奢談滿足？）那樣的狀態幾乎可說「不是活著」！文章開頭的大男孩，最初進醫學院就是由母親爲他決定，自己沒「選擇」。一段時間後，這個「不選」的結果，依然讓他無法繼續承受與滿足他人的安排。

最難的選擇，自然是那種不得不的選擇。

當外在環境發生無法抗衡的事情，如遭受各種天災、意外、病毒疫情、病痛死亡、他人侵犯、恐怖攻擊，甚至戰爭等，迫使我們「選擇」承受那不幸的結果。我們根本不想要這樣的「選擇」，但就是遇上了，逃也逃不了。即便不甘心、呼喊爲什麼是我、怨懟老天爺的不公平……若不想被此打垮，我們還是只得學習接受，嘗試著「選擇」較適當的因應方式來面對這些挑戰。

與選擇緊密相連的責任

這時，可能需要談談「執行」或「反應」的能力。

在完形諮商的觀點中，選擇與責任有不可分割的關係。因爲要能負起責任，勢必得先做出較適當的選擇。

完形諮商的創始人波爾斯對「責任」（responsibility）這個字，有其獨特的見解。他認爲這可拆開成兩個字：response（反應）和 ability（能力）。也就是說，即使在清明覺察下做了「好的」選擇，然而要眞能負起責任，還必須對所選的選項具有「反應／執行」的能力。

以文章開頭那位醫學院學生來說，若他決定休學一年，好好探索自己的性向和興趣，之後再決定自己未來適合讀的科系。決定好後，全力準備重考，熟讀所選不同領域的考試科目。他必須願意且知道如何快速地探索和瞭解自己，勇敢面對父母的失望，還要實際去補習或自學，以補足之前較不熟悉的科目。這都需要相當的執行力，也包括能力與意志力。

同樣的，面對外在嚴峻的挑戰或命運的無常，這不得已的被迫承擔，更需要好的因應與執行能力——這也才是眞正的負責任。

此外，反應／執行能力還與「習慣性」的議題有關。

有位朋友曾問我，她對自己的身體狀況有了清楚的覺察，也做了正確的選擇，何以反而變得不自在、不快樂？原來她已進入中年前期，身體出現不適症狀，醫生鄭重要求她改變生活習慣，戒掉愛吃冰（天熱時，她常以冰代飯，還要是傳統的刨冰才覺得過癮）和晚睡的習性，而那不舒服其實是改變舊有習慣的必經歷程呀！

改變一個舊有習性或培養一個從未有過的好習慣，對任何人而言，都不是件簡單的事。即便覺察清楚我們眞正的需要，且做出對我們算是最好的選擇，也不容易。尤其像老化、生病這種不可控制、只剩有限選項的狀況，雖知道什麼是對的選擇，卻總帶著無奈、不得已的心情，更不容易積極執行。

「生命誠可貴，愛情價更高，若爲自由故，兩者皆可拋。」這人人都渴望擁有的「自由」──「選擇的權力」，就是人類自由的展現，但它卻和「責任」緊緊連在一起。而對多數人來說，「責任」是不可承受之重呀！

難怪，孔老夫子也只能期待人們，直到七十歲才能在不踰矩的情況下，從心所欲！（而在孔子那個年代，人生可是七十古來稀呢！）

4 嚴峻挑戰下的選擇

——電影《暗處》提醒我們的事

《暗處》這部片子和另一部電影《控制》，都是改編自同一作者吉莉安．弗琳的小說，但這兩部電影討論的主題很不一樣。《控制》是部精采的驚悚懸疑片，但《暗處》則探討有關家庭、創傷、選擇和放下的議題。

主角麗比的母親珮蒂，選擇獨自艱辛地經營父母留下的農場（珮蒂的姊姊多次勸她放下）和養育四個孩子，生活困苦。麗比的父親酗酒家暴，很少回家，回來就只是要錢和羞辱妻子。

一九八五年，麗比的母親和兩個姊姊同時被殺，她敬愛的大哥成了主要嫌疑犯。麗比是滅門血案中唯一存活的倖存者，她當時的證詞致使大哥入獄服刑。

幼年創傷的陰影對麗比造成很大的影響。她無法也不敢面對過往，卻被那似塵封於內心深處的恐怖記憶牢牢困住，渾渾噩噩靠著善心人士的捐款過了二十五年。直到善款基金快用盡，加上一個專門探究疑案的社團邀約，才迫使麗比試著從探望獄中二十五年未見的大哥開始，重新找尋「眞相」。

慘案發生那年，麗比八歲。

十五歲的大哥班恩正值叛逆期，總是不願留在都是女生的家中而流連在外。但班恩非常聰慧，學業總是名列前茅，常被老師指派教導學弟妹們的功課。這時的班恩愛上一位信仰撒旦、吸毒、蹺家的女孩。後來，女友懷了身孕，極力慫恿、逼迫、威脅班恩回家偷錢，好帶她私奔，不然她會被嚴厲的父親打死；同時，一位接受班恩功課指導的女孩，也愛上班恩。這女孩家境富裕，父母雖管教嚴謹但過度寵愛。這驕縱的女孩無法接受班恩拒絕自己的告白而懷恨在心。於是，她找到機會收買也一起向班恩學習的幾位女同學，聯手誣告班恩企圖強暴和性騷擾她們。

這時，母親珮蒂的農場也因經營困難，即將被迫宣告破產遭拍賣；又得知兒子犯行，需要錢請律師協助打官司，兩大打擊幾乎讓珮蒂崩潰。

影片是以麗比的創傷療癒之旅為主軸，但我比較想談談有關「選擇」的議題。

這部片有很多「看似不得已」的「選擇」，巧合地串在一起，悲劇便發生了……令人不勝唏噓！若你是班恩或母親珮蒂，在這樣的狀況下，你會如何做？如何選擇？

壓力下做決定，更須清明的覺察

前面已提過，完形諮商學派認為，人若真要能為所有行為的結果負起責任，必須先做出正確的「選擇」；而在選擇之前，則須對自己及周遭他人、環境有清明的「覺察」。也就是說，只有在所處環境中做出較為適當的選擇，此選擇的結果才是自己能承擔與負責的。

但是，當遭遇各種生命的嚴峻挑戰時，覺察清明變得異常困難：除了個人過往的未竟事宜、習慣性逃避、扭曲等問題外，痛苦、紛亂的情緒會淹沒智性大腦的運作，嚴重阻礙我們去面對內在波濤洶湧的自己，因此難以進行內在覺察。

況且，既然名為挑戰，必定是我們未曾經歷且不熟悉的情況，這時外界資訊通常不足、狀況模糊不清，也難讓人對外在各種狀態做出清楚的研判。

內、外在覺察都受到相當干擾，做出最佳選擇的機會自然大幅降低。

再加上，生命的困境發生時，常伴隨著時間的壓力，逼迫我們要快速地「做決定」（選擇）；也促使我們注意的焦點過度集中，視野狹隘地局限在困擾我們的問題上。這樣慌亂、焦急中找到的解決方式，常過於短視、不夠周延，忽略要考量長遠的影響和可能會有的副作用。

覺察不清又必須「當機立斷」，很容易讓人做出不適當的選擇，因而導致新困境接踵而至，啟動了惡性循環！即所謂「一步錯，步步錯」的淒涼狀態，造成的傷害將可能蔓延十數年，更會波及無辜……

麗比的母親珮蒂即在此近似「絕望」的情境下，選擇了最糟的一種方式——請人製造自己遭搶劫被殺的「意外」，想藉此靠保險理賠解決破產的困境，並留下足夠子女生活的金錢。母親的這個選擇，明顯忽略了很多負向干擾因子，譬如，孩子的父親會不會來搶保險金？一位快破產也無仇家的女性遭搶劫殺害，不太合常理，保險公司必會質疑，不見得能如實獲得理賠等等。

我想，她也是因爲無力面對自己教養的兒子做出那可怕的犯行，只好選擇以死亡來逃離。她心底雖不想相信，但有假稱受害者和受害者父母的「指證歷歷」，加上巧合地在兒子房內，搜出爲即將出世小孩準備的女嬰衣物，母親卻誤以爲這是兒子有戀童癖的「證據」。

再談班恩的選擇。

班恩被愛情迷惑，又有被誣告而遭追緝的恐懼及無力辯駁的憤怒。於是，決定「犧牲」家人，回家偷錢帶女友私奔，逃離羅織之罪的司法審判。

班恩回家偷錢的時間點，剛好遇上殺手即將對母親下手。而班恩翻箱倒櫃找錢的動作，更吵醒了大妹和二妹，讓他只好準備逃跑。追出來的姊妹則目睹殺手戕害母親，殺手不得已只能也殺了她們姊妹滅口。

班恩發現事情有異，回頭看見已經慘被殺害的母親與兩位妹妹，焦急著找尋小妹。找到麗比後，班恩要她躲好先不要出來，才匆匆離家。因此，反而讓麗比證明哥哥有回來，成了誤判大哥殺了母親和手足的證詞。

母親珮蒂和大哥班恩兩人的「錯誤」選擇，碰撞在一塊兒，讓一切都變了調，以致無法收拾……

因此，當我們不幸遭逢生命的谷底、遇上巨大的試煉，必定要更小心地去「選擇」因應方式，實在不可不慎！

只有眞正使內、外在覺察變得較爲清明①，所做的決定才能爲自己翻轉情勢、解決問題，化危機爲轉機或化險爲夷。

---

① 如何在大挑戰下處理情緒，使內、外在覺察清明，以做出較明智決定的方法，請參考本書第四章第六篇〈情緒再強烈，只要面對得宜都不可怕〉。

5 選擇難，但你總是不得不選——從短篇小說和電影體悟「選擇」有多難

人們每天都在做「選擇」。生活中有各種大大小小的選擇，有些選擇雖然煩但很簡單，還有些選擇的結果即使不滿意或踩到雷，也影響不大……但有些選擇就挺不容易的，例如，我們常常遇到的幾種狀況：

- **雙趨衝突**——兩個或多個選項都是想要的，但必須擇一。
- **雙避衝突**——非得做出選擇的幾個選項，都是不想要的。
- **趨避衝突**——選擇了某個選項，此選項利弊同時存在。以致無論如何選擇，都會有遺憾或損失。

還有的選擇，不只影響自己要承擔的後果，更可能波及到身邊的人。尤其如蝴蝶效應，全然不知道其影響有多大，或是影響到底爲何？而像擔任各種層級的決策者、法官、律師等做出的判斷與決定，影響層面很廣或很深遠時，「選擇」就更困難……

想在這裡談談兩個有關律師的故事，讓我們思考「選擇」的難，分析「選擇者」做出選擇的成長背景，以及影響這「選擇」的各種因素。

無法反悔的選擇

先說，費迪南．馮．席拉赫的著作《懲罰》裡的一篇短篇小說〈義務勞動〉①。

一個自土耳其移民至德國的家庭，一家之主的父親認眞打拚，想讓自己的家人過更好的生活，但仍期盼有天能返回祖國。因此，努力在家中維持著土耳其的生活方式。家中的大女兒塞瑪無法忍受傳統文化、宗教對女性的限制，成長過程中和父親衝突不斷。

塞瑪高中畢業後，不顧父親的反對和母親的不安，毅然決然地獨自一人離家到柏林攻讀法律。那必須全部靠自己活下去的日子過得眞苦。學費、生活費的壓力，大到讓她曾因熬不下去而頹喪、放蕩一陣子。但抱持著絕不能讓父母失望，並要證明自己是對的那股意志力，她才咬著牙再度振作起來。

多年後，她成功拿到法學博士，並以優異成績通過兩個專業認證考試。工作一段時間，有了實際辯護經驗後，她決定去一間著名的律師事務所應徵，那是她非常敬重的老師級資深律師所主持的。那位律師老闆親自錄取了她。

一天，老闆在每週的例行會議中，提出一件很棘手的案件，所有律師都以手中案量太大而拒接。只有塞瑪選擇接下，成爲一個犯罪集團首腦的辯護律師。被告遭到起訴的主因，是集團涉嫌從事人口販賣並逼迫女性賣淫。此被告同時是塞瑪老闆好友的姪孫。老闆認爲警方證據薄弱，也沒有受害人出來做證，案子應可獲勝訴。

塞瑪第一次見到被告很是驚訝！因爲他不僅長得相當英俊且和藹可親，衣著、談吐也很得宜，讓塞瑪較爲安心且相當積極地協助其專業辯護。原本案子進行得很順利，然而在接近尾聲時，警方找來一位女性證人，曾從這個販賣人口集團逃跑出來。這位證人的臉已被刀毀容，她可怕的容貌和字字血淚的證詞，震撼了塞瑪。塞瑪步出法庭當晚，走進過往荒唐歲月流連過的夜店……

塞瑪第二天私自向法院申請終止被告的委託。但德國法律規定，案件審理到即將宣判的階段，被告律師是不可以終止委託的，除非她放棄律師資格……

接著，女證人失蹤了；老闆認眞地教導塞瑪，如何找出審理過程中的法院瑕疵，繼續爲被告辯護。最終，被告無罪釋放……

最後，塞瑪走進一家土耳其甜點店，買了小時候最愛吃，名叫「夜鶯之巢」的甜點，然後去和老闆碰面，檢討這樁案子的審判過程……

故事就停在塞瑪說：「事情和我想像的不一樣。」

義無反顧的選擇

另外一個故事，是韓國電影《證人》。

主角律師楊淳鎬曾經是位民權律師，專業能力相當受肯定。因此，有間大型知名律師事務所很想延攬他。楊律師知道這間律師事務所都幫有錢大企業辯護，和他的理念差距頗大，很是遲疑。但想多賺點錢，幫已輕微失智的老父親快些還清爲人做保欠下的債務，也就「選擇」答應了。

他在事務所接的第一個案子，是擔任一位殺人嫌犯的辯護律師。這嫌犯是一名中年女性看護，涉嫌殺害久病的雇主。她陳述自己無罪，表示雇主爲久病厭世自殺身亡。更辯解她與雇主之所以發生肢體拉扯，是要阻止和搶救用塑膠袋包頭自殺的雇主。後來她在過程中不愼摔倒而昏迷一陣子，救援因此失敗。

案發現場唯一的目擊證人，是名高功能自閉症少女（自閉症現正名爲「肯納症」〔Kanner's Syndrome〕）。她對聲音有高度接收力，能聽見很細微的聲音，並一字不漏地記住且複述所聽見的內容。

案發當時，她清楚聽見看護與雇主的對話，可以證明看護預謀殺掉雇主。檢察官找了一位特教教師，支持有些高功能自閉症者確實有可能具備此特殊能力，也錄製了少女的證詞。

但辯護這方則請來幾位自閉症專家，說明自閉症難以與外界接觸，特別是情緒理解常有誤差，也常有情緒不穩定的狀況。而能聽見和記得離自己那麼遠的對話，實在少見，可說是不可能的任務。尤其少女在事後表現出強烈的恐懼，讓他們認爲她所聽到和複述的內容，是因害怕所產生的幻覺。此外，少女不敢親自出庭作證，更使她的證詞受到質疑，也打了折扣。

楊律師想盡辦法接觸少女，希望能更釐清眞相。當然，他最初想藉由親自認識少女，證明她的證詞是恐懼下的想像。但在楊律師努力接觸和用心理解之後，漸漸發現少女眞的有此能力，她聽到的確實可能是眞的。於是，他開始自行查訪案子的相關事證，發現涉嫌殺人的女看護曾威脅過證人，更找到死者兒子在案發前給女看護一大筆錢的證據。

幾經掙扎，楊律師決定勸服少女出庭作證，並由他在法庭上，公開驗證少女確實有能力聽到一般人完全無法聽到的細微聲音，並能一字不漏地複述出來。於是，被告辯護律師的「辯護」反而坐實了被告的犯行。這可是相當嚴重的作爲，完全違反被告辯護律師的角色與責任。

楊淳鎬律師因此被吊銷律師執業執照。

選擇背後不一樣的故事

他們兩位律師做了不一樣的選擇。若是你，會如何選擇？

塞瑪費盡千辛萬苦拿到律師執照，除了實現自己的能力與理想外，最主要是向父母證明自己當初的堅持與選擇是對的，並希望突破傳統文化與宗教對女性的限制與框架。律師執照成爲她達到目標的唯一代表，放棄這張紙，她將一無所有。

我想，決定接下那案子的塞瑪心裡也有數，這可能會是個錯誤的選擇。但是塞瑪在事務所算是新人，當大家都不願意爲犯罪集團首腦辯護時，她一方面想要證明和表現自己，另一方面基於她對資深律師老闆的信任與崇拜，以及感念知遇之恩，她似乎也就必須冒個險，硬著頭皮答應擔任辯護。而在對被告外表的第一印象下，也讓塞瑪有機會說服自己被告可能確實無罪。

塞瑪得知女證人的血淚證詞，她內心是衝突和痛苦的。她也試著退出，但爲時已晚。放棄律師資格的代價太大，她只能隔絕自己的感覺，繼續完成使命。悵然，一切都和想像的不一樣……

而楊淳鎬律師不同。他本就是位民權律師，一向為弱勢、為人權、為正義發聲，且曾因此角色讓自己的能力備受肯定。雖然為了想快點還清債務以讓父親安度晚年，願意接受延攬，到可多賺好幾倍薪水的事務所工作。但這到底不是他實現自我或生存的唯一選擇。

尤其，他父親給予滿滿的愛，相當贊同他選擇從事賺不了大錢的民權律師。楊律師更有位大學同學的女性知己，也擔任對抗大企業、為勞工爭取權利的律師，當初就很反對他放下理想與信念，去以賺錢為主的地方工作。因此，在家人、朋友愛的支持下，加上自己原本擁有的核心價值，楊律師有力量做出寧願失去律師資格也要維護正義的選擇。

很多時候，情勢、背景、經歷的不同，讓我們很自然地選擇走上不同的道路。實在很難評斷什麼才是最適宜的選擇。

雖然，不忘初心的理想很是重要，社會正義更是核心。但再看塞瑪做出那樣不得已的選擇，嚴格來說，也算是符合她原有的初衷，不是嗎？

選擇真的很難，但所有的事都還是必須做出選擇，一切只能靠著我們清明的心，以分辨自己要的到底是什麼。

① Schirach, F.V.（二〇一九）。《懲罰》（姬健梅譯）。臺北市：先覺出版社（原著出版於二〇一八）。頁一三五—一六二。

第二章

放棄改變、改變
及未竟事宜

1 放棄改變的企圖，改變才可能發生

有人討厭自己慢吞吞；有人不喜歡自己猶豫不決；有人想改掉老是想太多、顧慮東顧慮西的個性；有人害怕自己暴躁的脾氣，希望變得沉穩冷靜。人們似乎很追求「完美」，不斷企圖改變自己，期盼成為一個沒有缺點的理想人類。

然而，從事諮商工作多年，越來越能體會，你我身上擁有的任何一個特質，不論在所處社會價值系統中是正向或負向，都具有存在的價值和功能。

例如，有位學生感覺自己除了強大的「照顧他人」特質外，有時也會出現「自私自利」的念頭。他非常想去除自己那只謀私利的特質，但我讓他想想，自私帶給他什麼好處？一開始，他認為自私怎麼會有好處？我請他仔細體會，當他自私時對自己會有什麼幫助。他遲疑地回應：「或許可以讓自己做想做的事吧！也比較不會一直為他人著想或因照顧別人而太累……」

基於對他的瞭解，我再加碼告訴他：「當你在志工崗位輪值時，若得了嚴重感冒，我猜想也只有這自私特質發揮功能，才會讓你請假在家休養吧！」他靦腆地笑著，頻頻點頭。所以呀！只要適當地運用自私，是能讓生活更平衡、更健康的，爲什麼要把自己的某項特質改掉呢！

奥修大師也說過：「沒有一朵玫瑰想要變成一朵蓮花；沒有一朵蓮花想要變成其他任何東西——每一樣東西都按照它本然的樣子存在，很滿足，而且很喜悅。只有人是瘋狂的，一直想要變成什麼，想要證明什麼①。」

主人與內在特質對話，相互瞭解與接納

在完形諮商的工作中，我會讓某個被討厭的特質與擁有此特質的「主人」進行「空椅對話②」，以協助主人瞭解與接納這原不被喜愛的特質。很奇妙地，當這個特質被接納了，某些變化就會在這主人身上發生。

在一次團體工作裡，一位成員很厭惡自己「衝動、愛冒險、變化多端、沒定性」的特質。他自己形容，常想用大刀砍掉這個特質或威脅其不准出現。

我請他先「成爲」那個特質，向擁有此特質的「主人」說明自己的特性、對主人的正向功能、被主人討厭的感覺，以及期待主人對待它的方式。

這特質很難說出自己的優點和對主人的貢獻，但聽它介紹著自己時，我好羨慕擁有它的這位成員，忍不住對它說：「我覺得你好自由、好有力量。那變化多端的本事，似乎能創造出好多新奇而美好的生活！」這特質聽我這樣說，開心地承認其實自己也這樣覺得，可惜主人不喜歡它、不想要它。

我請它直接把這些好處和心情告訴主人。接著，再請這位成員坐回主人的位置。主人回應時承認，很多年前在國外讀書時，曾允許這特質充分發揮，那段時間眞是開心極了。但現在的工作環境並不適合這個特質表現，又感到自己控制不住這特質的出沒，只好把它趕走。

我請他們好好商量一下。主人誠懇地告訴這特質：「我其實是很喜歡你的，我們曾經一起有過很棒的一段日子，但你現在不宜太常出來，你也知道的。可是你已被我餵養得很強大，我管不住你了，才會對你那麼凶……」

特質的回應，讓在一旁聽著的我既驚訝又動容，它說：「我只是要你的關愛，我願意聽你的話。你若眞的喜歡我、肯定我，我會接受你的管制，僅在你讓我出來的時候才出來。」我不禁幫主人向特質進一步核對：「沒有底線嗎？若很久都不能出來呢？」這特質肯定地看著主人說：「是的，只要你眞心愛我，我可以等，沒有期限！」

這樣的對話，這樣自我內在的相互瞭解與接納，讓我感動得紅了眼眶。似乎這就是一個人與內在和好的過程，以及和好後所形成的結果和力量。

接納他人，更引導其自我接納

自我改變如此，在幫助他人「改變」時，也是同樣的，要以接納優先。

一位當事人因失落而陷入低落狀態，她述說：「活到這年紀，卻沒做過什麼眞正有成就的事，現在又面對這麼大的失落事件，讓我非常討厭如此一事無成的自己，想放棄自己算了。」她的眼，因止不住的淚和痛苦的情緒，顯得空洞和茫然，讓我一度恍惚，覺得她這個人已離開諮商室、離開我了！

我心疼她受這樣的苦，當然想幫她走出這生命谷底，但我知道，她在此刻需要的不是我用力拉她（我也拉不了的），而是我真心的陪伴與理解的接納。

諮商時間快到尾聲了，我邀請她坐到另一張空的椅子上，透過呼吸平復她的情緒。我在一旁摘要她剛剛自述的失落經驗和對自己的厭惡，讓她從旁觀者的角色看看這絕望無助的自己。

她望著「自己」的眼神慢慢地清明起來。她深深地嘆了口氣，帶著不同於之前的淚說：「唉！若她是我身邊的友人，我會覺得她很不容易。面對這樣的遭遇，還能奮力維持著生活的日常步調，不讓年邁的父母擔心，更願意來接受諮商。她一點都不糟，不必那麼嚴厲地否定自己，那不是她的錯！」停頓了一會兒，她又補了一句：「我真的心疼她！」

我摸摸胸口問她：「是這裡的感覺嗎？」她點點頭。我請她親口對「自己」——以第二人稱的「你」——說出這些發自內心的感受。她抱起原來自己座位上的抱枕輕撫著，既有力又溫柔地說出這份對自己的心疼與接納。只有當人們願意接納自己，才可能走出墜落的深谷，改變那想放棄自己的念頭。

人們最害怕、欲除之而後快的負向情緒亦然。因爲情緒是各種內、外在刺激事件下的本能反應，由原始大腦所掌控。你越想剷除它，它就會越強烈；因此，最好的情緒管理方式，也是以「接納」優先。

發生了因他人疏忽所造成的車禍，身體受了傷，你能改變什麼呢？只能接受已發生的事實，以及因此事件而生的情緒。你可以氣對方的過失；怪自己運氣不好；害怕、擔憂自己的傷勢；焦急因此耽誤的工作和被干擾的生活。若你想去抗拒已發生的事或那些情緒，反而會過度關注在那些情緒或事件上，賦予它們更多能量。當它們變得更強大，也就遲遲無法過去和消退了。

於是，我慢慢地能眞正理解完形諮商理論所談的「改變的矛盾理論」——**只有放棄改變的企圖，改變才有可能發生**。

另一位完形取向治療師貝瑟（Beisser, A. R.，一九七〇）也提出相似的主張：「改變往往發生在個體想要成爲他自己的時候，而不是他想要成爲另一個人的時候③。」只有放棄改變的企圖、先能「接納」本然的自我或他人，改變才會神奇地開始醞釀而逐漸發酵。

①引自 Osho 奧修（二〇〇三）。《老子道德經》第二卷（謙達那譯）。臺北市：奧修出版。頁一四九。

②「空椅對話」是完形諮商學派最經典的技術——「空椅法」的一種。完形諮商學派認為，我們內在的各種聲音、角色或感受，都是我們自己所獨有的，沒有任何他人能代替其發聲。因此，當內在兩股拉扯的角色或如文中自我主人和某個特質要對話，就需要多一張椅子來代表另一方。由當事人在代表自我主人和某個特質的兩張椅子上，適時交換位置以表達各自的心聲或意見。有一人分飾兩角的概念。空椅法也可用在與重要他人的對話，此人不須來到諮商室中，而是由心理師引導當事人想像此重要他人，坐在對面一張空椅子上進行。既然是對話，當然也需要輪流坐上不同的椅子。不過，這與他人互動的空椅法，不建議讀者自行使用。必須在心理師的帶領下進行較佳。

③引自 Beisser, A. R. (1970).〈*The Paradoxical Theory of Change.*〉In J. Fagan & I. L. Shepherd (Eds.).《*Gestalt Therapy Now*》(pp. 77-80). New York: Harpe & Row

2

「我王國」的國王
——從「主體性自我」再談改變與接納

前面曾討論：只有放棄改變的企圖，先能「接納」，改變才會神奇地發生。我想再談「自我接納」的議題，以及接納自我所有特質。而且不是爲了改變，就只是無條件地接納「如其所是的自己」。

「接納」這個詞可以拆開來理解：「接」是接受，「納」是悅納，有喜歡和包容的意思。所以，接納自己，不但是要接受自己，更要能包容和喜歡自己。

而自我接納也是個不斷循環的歷程。先要願意去面對自己的一切，慢慢地探索和覺察自己，再進一步用心瞭解自己。對自己有了眞切的瞭解，才有可能愛自己、接納自己。

說到自我接納，有個問題需要好好討論。

當一位父親對兒子表達了接納和肯定，我們可以很清楚地知道，接納的「主體」是父親，而被接納和肯定的「受體」是兒子，父親接納和肯定了兒子。

而一位男士對心愛的女友說：「我愛妳！」，我們也分辨得出這簡單的三個字，「我」是那位男士；「妳」是指女友，主體和受體分明。

但是在自我接納的概念裡，到底誰接納了誰呢？而所謂接納我們所有的特質，主體是哪個「我」？被接納的那個具備所有特質的「我」又是誰呢？同樣的問題：我愛我自己、我照顧我自己、我安撫我自己。其中那個主體的「我」是誰？那被愛、被照顧、被安撫的受體「我自己」又是誰？

完形諮商學派非常重視以「主體」的「我」去清明覺察後，勇敢地爲自己做出選擇：以「主體」成熟長大的「我」，去重看過往發生的未完成事件（也稱「未竟事宜」〈unfinished business〉），去照顧和疼惜那未竟事宜中年輕或幼小受傷的「我」；以「主體」較冷靜的「我」去安撫被強烈情緒籠罩或淹沒的自己。並運用空椅技術，讓既是主體又是受體的兩個「我」對話，達成自我和好與整合的諮商目標。

我透過多年來的諮商實務工作經驗，建構出「主體性自我」這個概念。「主體性自我」就是上述所有「主體」的「我」。同時是瞭解與接納、選擇與照顧、愛與安撫的那個主體的我。有了「主體性自我」，在自我對話中更能分得清誰是誰。而如何幫助這個「主體性自我」更有力量，也成了個體所謂「自我成長」的核心工作。

「主體性自我」是個抽象的概念，我喜歡用「『我』王國」的意象來闡述這個概念。在「我王國」裡，「主體性自我」就是這個王國的國王。國王既是虛擬的，本身也什麼都不是，但同時又是涵蓋此個體所有一切的「我」。

這國王負責掌管「我王國」內的所有臣子──「我」所擁有的各個特質──讓這些臣子（特質）都各就其位、各掌其職，發揮各自的特性。有人侵犯「我王國」的國界，國王就派兇悍、果斷的「國防部長」出征以保護國家；友邦交流拜訪，國王當然讓風趣、友善的「文化或外交部長」代表王國出去互動。王國中的每位臣子都有他們存在的價值，也都會對國王和這個國家忠誠，因為他們是榮辱與共的一體。

瞭解與接納，並巧妙運用兩極特質

完形諮商對人們擁有的各個特質有兩種看法，可以幫助我們更容易瞭解和悅納自己所擁有的特質。

其一，每個特質對個體而言，都是一體的兩面，也就是沒有一個特質絕對是優點或缺點，它會爲此人帶來助益，也可能會傷害到這個人。

以我自己爲例，大概因爲父母親都是認眞負責的人，教育我們子女也相當嚴謹、規律，我因此培養出「努力認眞」的特性。這個特質在社會價值上似乎也是備受推崇的，因此它發展得異常強大。「努力認眞」的確使我在學業和工作上有不錯的表現，得到一些成就和社會的讚許。

但「努力認眞」的特質也傷害了我，最直接遭受傷害的是身體。我常一坐下來工作就忘了時間，也忽略身體的疲累，一定要將手邊的事做到某個水準、完成到某種程度。記得早年批改學生申論題型的考卷，我爲了盡量排除主觀的影響，都會先擬定一些得分、扣分的標準，再一題題批改；最糟的是，我還希望同一題不要分次改，深怕不同時間會變更了標準。於是，只要班級人數略多，必然常須挑燈夜戰。長久下來，許多事情都如此，身體自然吃不消，造成現在健康上不可彌補的傷害。

「努力認眞」這特質也曾負向影響我的人際關係呢！跟人相處太認眞努力，容易過於呆板、僵硬，更缺乏彈性和幽默，尤其是愛情關係。年輕時情感受創，即拜太過「認眞努力」所賜，讓對方覺得壓力很大而提分手。當時完全無法理解，何以一個備受讚許又重要的核心特質，竟反而讓我被拋棄！

而另一個，我過去一直非常討厭的特質——「易感與情緒化」，讓我經常處在很憂鬱、痛苦的感受中，無法理性思考和做判斷。我總是拚命壓抑這個特質，不讓它隨意表現。但非常奇妙地，當我走上心理諮商這條路，「易感」反而成了我工作上的優勢。我能敏銳感受到當事人的表情、姿態，以及他們所說內容背後的涵義。而爲了面對自己的「情緒化」，我下苦工去研究情緒議題，勇敢地抽絲剝繭、貼近自己的情緒。以致後來能在研究所裡開設情緒專題的課程；在諮商工作中，也從情緒層面著手，得到不錯的成效；二○一三年更出版有關情緒的書《當下，與情緒相遇》。

既然所有的特質都有正、負兩面，「我王國」的國王需要的，不是花力氣討厭和排斥它們，而是要更瞭解它們，進而能適當地運用。但同時，也不能讓某個特質坐大，造成功高震主的情形！（當年我的「努力認眞」曾一度被我養大，完全不受我這國王（主人）的控制，甚至越俎代庖去管制和壓抑其他特質。）

其二，完形諮商創始人波爾斯相信：每個人的各個特質是形成同一連續體的兩端，或以兩極的型態出現。也就是說，當一個人擁有嚴肅冷靜的特質，也一定有輕鬆溫暖的一面。此兩極是相互辯證，也互相界定彼此的。

當然，在社會文化和家庭教養的過程中，一對特質的某一極會較受推崇和肯定，因而發展成外顯的特性。如我的「努力認眞」，它的另一極「慵懶無所事事」，自然就被壓抑。

既然相對的兩極特質都是存在的，當人們不接納某一極的特質，它必然感到委屈不平，而躲在內心深處（所謂的「潛意識」）作怪，嚴重起來可能癱瘓這個人的正常運作。

譬如，一位男性喜歡自己「勇敢堅強」的特質，他也總是如此表現。但他覺得非常困擾，因爲自己心中還有另一個「膽小謹愼」的部分。每當遇到困難，其實他心裡常怕得要命，第一個念頭總是想立即逃開。似乎那個懦弱膽小的自己叫著：「事情不是想像中那麼簡單，你一定會失敗的。」「要仔細考慮清楚呀！要想好退路再出擊，不然會死得很難看！」不過，他總會強逼自己以勇敢堅強的樣貌去面對。

他相當討厭膽小謹慎那一極的特質，更不敢讓別人看到自己的這個特質。以致他面對各種艱難的生活困境時，明明已消耗很大的能量，卻還得費力壓抑和應付內在他認爲的「搗蛋分子」，眞讓他有心力交瘁之感，更懷疑自己是不是快瘋了。

哪個才是這位男性眞正的特質呢？以完形諮商「特質兩極化」的概念，這兩個幾乎相反的特性都是他所擁有的特質，他該分別去瞭解和接納，並運用智慧來展現。要去冒險犯難時，就由勇敢堅強的特質負責衝鋒陷陣，那是再好不過的了；但在衝出去前，也該讓膽小謹愼這個特質出來，協助觀察局勢並做充分的事前準備。兩極特質這樣攜手合作，此人不就成爲一位整合、成熟的男士了嗎？

而且，除了天生氣質、社會讚許外，通常某一極特質會在一個人身上特別凸顯，很可能是爲了因應成長環境當時的條件。如家庭產生變故時，勇敢堅毅的特性自然會受重用，另一極的膽小特質則勢必要退到後面，暫時少露臉了。但事過境遷，則必須重新整合我們的兩極特質。

理想上，「我王國」的國王該是個寬大、無私、公正、有能力的王，必須有強大的包容性和良好的管理能力；國王會愛護、接納所有臣子，並支持、肯定各自的貢獻和功能，更會溫柔而公平地對待他們。

每一個人都是一個「我王國」。不論過往的你是怎樣的國王，從現在起，你必須承認自己是擁有「我王國」的國王，並擔起責任，好好尋訪各個臣子（有些特質被你忽視、壓抑過久，可能已躲到邊疆隱居去了），以仁慈的王者風範治理你的王國。

祝福每個「我王國」國運昌隆！

3

從「形」與「景」的概念談專心

個人和諮商工作的經驗告訴我，在學業和工作上，要有突出的表現和優異的成果，「專心」扮演著相當關鍵的角色。本章將以完形諮商理論中「形」與「景」的觀點，來討論「專心」這個議題。

當我們在此時此刻，全心全意投入進行某事，滿腦子都想著與這件事相關的一切，我們就稱浮現於腦中或心中的這件事爲「形／形象」。而我們可說，其他和手邊進行的無關，我們暫時不關心、不注意的那些事，就算都退回到「景／背景」去了。

像現在，我正非常專心在寫這篇稿子，寫作就成爲心中主要的「形」；那些還沒做完的家事、明天尚未準備好的演講，甚至書房外精采電視節目的聲音，都被我移到意識範圍之外，成了「景」。等我寫到一個段落，開始去準備晚餐，這時寫作的

「形」就退到背景，換成做晚餐這件事浮出成「形」。

而在生活中，「形」和「景」是相當活絡地不斷變化著。依照時空的轉換、進行活動的不同，有時「形」退回成背景，而背景裡又會浮出某項事件成爲「形」。

如前例，浮出的「形」，其內涵是複雜的。不會單單只是寫作這個行動，可能還包括我對寫作這件事而引發的相關情緒，如焦慮、沒有靈感的挫折等；有時，還會記起過往寫作的愉快成就或遭受批評的經驗；甚至，所寫內容聯想到的一些回憶，也會一併浮現。

所謂「專心」，即是指當下，所有專注力都只集中在某件事情上，其他不相關的一切都退到背景，不會隨便出來干擾現在進行的「形」。

基本上，當我們有強烈意圖及內在的需要和動機，最容易促使我們出現清晰而單一的「形」；意圖和動機越強，「形」就越明確，其他事情自然越容易退到後面，成爲模糊的背景。例如，感覺肚子很餓，飢餓需求就會占滿腦子，並促使我們所有的能量動員去尋找食物。放眼看出去，很可能只注意到有關食物的店面或攤販，完全忽略其他商家。以前看過一部喜劇片，期盼自己能有曼妙身材的女主角，實行嚴格的減重計畫。餓了一段時間，強烈的飢餓感成爲鮮明的「形」。竟忍不住抓起友人的手要啃，因爲在她的眼裡，那已成了美味的雞腿。

拒絕讓背景喧賓奪主

除了強烈的需求，另一個使人能專注的條件，則是其他事情都能先「放下」，確實退爲背景。如果那些該到背景的事情，仍爭先恐後地搶出場，勢必很難集中所有能量來處理需要面對的「形」。即使那是很簡單、習慣性的工作。

試想，你正開車趕赴一場重要的會議。開了十幾年的車，你也許不必全然專注於很熟練，甚至已自動化操作的駕駛工作。但若在開車的過程中，你的思緒一直在其他事情上，想著等會兒準備的簡報夠不夠精采？有沒有可以增添的資料？能不能說服對方簽下這筆大生意？忽然，今早太太冷漠的臉也出現了。想到這兒，你的火就冒上來：「難道她還在爲了我忘記結婚紀念日這事生氣？眞是莫名奇妙，我都忙得像隻狗了，還要怎樣？什麼鬼紀念日！還不都是商業噱頭！對了，還有那不切實際的偶像劇。我眞搞不懂她，都幾歲了，還迷那種無聊的劇情……」

一件件煩心的事，從「背景」紛紛冒出頭，原先該是清楚單一的「形」——開車——已被攪得不清晰了。於是，能在下個路口正確左轉嗎？能控制好車速嗎？能閃過從巷口衝出來的摩托車嗎？能注意且執行新道路標誌的指示嗎？這些原本能辦到的事，很可能因爲背景事件也爭著成「形」，而大大增加了行車的危險性。

一般而言，「形」被滿足、被完成了，自然就會退回「景」去。而未能立即完成而繼續游移的「形」，若退不回背景，便極易干擾新出現的「形」。如正在會場上開會的經理，突然肚子很不舒服，但他評估現在會場氣氛緊繃，實在不宜離開，身體的狀況又還可以忍，於是決定留在位子上繼續開會。我們可輕易理解，此人再怎麼「努力」，他的專注度仍必大幅下降。

所以，能專心學習或工作的第一要件，就是必須先滿足其身心的基本需求。特別是孩子，對他們來說，充足的睡眠、適當的飲食、足夠的身體活動和玩樂、心理的安全、歸屬和被愛感的滿足都是。（大人何嘗不是呀！）

理想的專注狀態，當然是每個當下只有單一的「形」，尤其是需要運用較多能量的工作更是如此。但人生實在複雜，一次只做一件事的確不太可能。且很多事情和需求，不是短時間就可以完成或被滿足的。像是完成碩士論文、準備某項重要考試、執行某個大型企畫案、各種人際關係的謀合或衝突解決等等，要完成這些事，短則一年半載，長則可能需要數個寒暑。這麼長的一段時間，我們還是需要正常過日子，生活上的各項大小事件或情緒，會和這件大事共存許久。

這時，要能專心在單一事件上，「形」與「景」流動的速度、浮出與退回的轉換清晰度，就變得非常重要。我們必須學習在心中做好區隔：非正在進行的工作，暫時要將其劃歸到背景中，不干擾正在運作的「形」。我因此提出「內在的心理界限」這個概念，也就是能在內心中劃出清楚界限，區隔「形」與「景」的狀態。

設置心中儲物櫃，建立內在心理界限

內在心理界限可分爲兩部分。一是如上所述，純粹在內心拉出「形」與「景」的界限。另一個則是於自己內在與想像中的「主觀他人①」關係的自我界限②。後者的核心是情緒界限，這部分將在未竟事宜和情緒相關主題中再討論。

在心中拉出一條界限，以進行「形」與「景」間的區隔，這說法還挺抽象的。通常我會用一些具象化的方式，幫助自己建立「內在的心理界限」。

第一種爲想像法：我們可想像心中設置了幾個資料櫃，當下需要退回背景的各種事項，要分門別類地放進櫃子裡。例如，寫碩士論文的那段期間，論文外的學業、戀愛、和家人的互動、休閒生活等都要並行。只要當我們開始做其中某件事，要先在心裡將前一件進行的事，進行歸位的「儀式」，象徵性地將其放進櫃子裡的專屬位置並上鎖。一次專心做一件事，不然生活會是一團亂——寫論文時，常想著情人；或出外休閒小旅行，卻又老掛記著尙未完成的論文。

另一種更具體的方式，是實際選個精美的小盒子，把日常重要，但須持續一段時日的事件一一寫下，要進行哪件事時才將其拿出，其餘的事件則在愼重其事地進行歸位儀式後，再放進盒中收好。

通常，我們正在處理的心理議題和困境，最容易出現相關情緒退不回背景的現象。像是和伴侶的架還沒吵完，仍在氣頭上或很傷心，卻必須趕出門上班，且今天公司有棘手的任務要處理。遇到這種情形時，需要花一點時間，照顧一下內在的自己，特別是自己的情緒。這時，同樣也可以像「打包行李」那樣，打包自己的狀態後，暫放進「內在儲物櫃」之中。

此外，練習「內、外界覺察」的功夫，是建立「內在心理界限」最有效的方法。詳細的練功法可參考本書附錄一。

至於父母老師最關心的孩子專心問題，也能透過「內在心理界限」獲得改善。

孩子其實比大人更容易快速地轉移至不同活動，也比較能忘卻未來的挑戰或尙未解決的煩惱事。不過，他們專注的持續力較短，需要想辦法使孩子對要做的事產生強烈內在動機。人們對自己很喜歡和有興趣的事情，會容易全然投入，進入單一「形」的專注狀態。

除了增加內在動機，也可協助孩子減少會讓「背景」喧賓奪主的刺激。像是要專心寫功課，最好安排固定、規律的時間和地點。場地的擺設盡量簡單，如好玩、有趣的玩具不能在視線內，才不會引發出孩子的其它喜好；一次做一樣功課，其他的課本筆記仍放置在書包或抽屜中等等。若可能，全家同時進行讀寫類較爲靜態的活動，影響會更少。

創造單一的「形」，把其他的都趕進背景裡，並能適時地流動轉換，「專心一志」的工作態度就完「形」了！

①完形諮商理論相信，在每個人內在心裡面，「主觀他人」的樣貌更重於那位真實的他人。也就是說，如我內心怎麼想我的母親，那對我的影響比母親真實的這個人更大；而當我與母親互動時，其實常常是——我與內在我認為的母親（「主觀他人」）在互動，而不是和真實的母親互動。

②自我界限的概念與如何建立良好人我、自我界限，請參考本書第三章第五篇〈畫一條界限與你「接觸」〉。

4 留心童年創傷
——揮之不去的未完成事件

一個人小時候經歷的重大意外或傷害，即使意識層面已無記憶，影響仍很深遠。

美國影集《國務卿女士》，其中有幾集描述主角國務卿女士伊莉莎白和其弟弟威爾的故事。

威爾是位外科醫師，醫術高明。他並未選擇在居住地的醫院擔任外科醫師，而是長年參與海外救援的醫療工作，在國外各地移轉，特別是戰地。即便妻子對這樣長期離家又危險萬分的狀況，提出離婚的最後通牒，然而並不想離婚的威爾卻採取不予理會的方式因應，並準備再出國，前往遭到強震、國內又有動亂的委內瑞拉擔任救援醫師。

大家可能想，威爾的婚姻應該有什麼問題，以致他不願待在家裡吧！

威爾的姊姊伊莉莎白因國務卿的工作，比任何人都瞭解委內瑞拉國內的情勢，知道這次救援醫師任務的危險性高過以往。因此，她焦急地想勸弟弟打消念頭。為此，兩人還吵了起來。伊莉莎白最後說：「你這樣不顧家庭和自己的安危堅持要去，在天上的父母若知道，必定會對你這樣的選擇很失望。」這句話觸碰到威爾內心最深的傷痛，於是，兩人父母因車禍意外雙亡的事件重新浮現心頭。

當年，伊莉莎白是個開始有點小叛逆的中學生。某個週末，原本全家要一起外出聚餐，但伊莉莎白只想留在家中看書而沒去。路程中，一輛大貨車不知為何從左側岔路衝出，攔腰撞上父親駕駛的車子後逃逸。坐在後座的威爾負傷勉強鑽出車外，發現父親已死，母親雖一息尚存但說不出話來。他著急地想幫媽媽止血卻毫無作用，於是跑去求救。再回來時，母親也已離世了。威爾成了車禍唯一的倖存者。

威爾從未告訴任何人，包括姊姊——他離開去求救時母親尚未斷氣。他覺得母親最後看他的眼神充滿失望。威爾在這次的爭吵中，才說出心中埋藏已久的罪惡感：「媽媽是因我而死，因為我不知道該怎麼做……我讓她失望了。」威爾當年只是十歲左右的小學生。

看到這兒，讀者應該理解威爾一路以來如此「選擇」的理由，是因爲他想要「贖罪」。選擇當外科醫師、選擇到危險的地方救助危急的病人，甚至不可能救得了的傷患，一次次都是想試著彌補內心對母親的虧欠。

這次，威爾還是帶著行囊去了機場。但在上飛機的最後一刻，他腦中浮現出門時和六歲女兒安妮道別的情景。女兒沒太在意，毫無離情地繼續自顧自地畫圖，和爸爸說了聲再見，甚至連頭都沒抬。他突然驚覺，自己竟讓孩子「習慣」了沒有父親的狀態。威爾於是重新選擇——不上飛機。

伊莉莎白趕去機場，和留下沒走的弟弟有一段很感人的對談。威爾表示，他似乎也一直逃避和家人親近，因爲內心深處好怕再次失去所愛的家人……伊莉莎白則對威爾說：「救再多人，媽媽也回不來了。你該放下這份遺憾，過屬於你自己的人生。我相信，母親當時的眼神絕對不是對你這個兒子的失望，而是欣慰你平安無事，且我們姊弟擁有彼此，可以相互扶持長大成人……」

在人們的生命早期，若一些重要的核心需求無法獲得滿足、妥善處理，或那時所經歷的創傷事件，因無力面對與解決，以致強烈痛苦情緒一直難以退去，就會成爲完形諮商理論中，最耳熟能詳的「未完成事件」。它會使部分能量停滯、無法流動，並不斷干擾之後相關事件的覺察，容易造成不適當或錯誤的選擇和處置。

從「形象」與「背景」的觀點來看，「未完成事件」也可說是一種永遠退不回背景的「形」。在面對人生各階段的新挑戰與選擇時，這退不回「背景」的「形」，多數會以潛意識的方式左右著人們，干擾對新的「形」之清明覺察，阻礙人們做出合宜的因應或選擇行爲。

每個人幾乎都會有些留存於潛意識的未竟事宜，並常如鬼魅和幽靈般糾纏著我們，或像個永遠塡不滿的內心黑洞，無意識地不斷向外胡亂索求。也許，受到干擾的選擇結果和方向並沒有太大的錯失，但那已不再是你心中最想過的人生，更無法眞正滿足內心的需求和渴望。這似乎也是一種「纏足」，讓我們難以眞正立足且生根於大地。

愛看電影的我，想再談談兩部電影，其劇情可以讓大家更理解未竟事宜造成的影響。

滿是傷痕的童年

電影《大夢想家》描述華特．迪士尼爲買下作家崔弗絲的《瑪麗．包萍》版權，以拍成電影《歡樂滿人間》那段波折的過程。

崔弗絲是海倫．林登．戈夫的筆名。她是來自澳洲的英國作家，以撰寫一系列《瑪麗．包萍》小說聞名。主角瑪麗．包萍是位有魔法的褓姆，協助書中班克斯一家人，尤其是孩子們，解決各種困難。

崔弗絲以幼年時的經驗寫下這本書，但因爲是摻雜著對父親糾結矛盾的情感及思念的故事，而讓她不願意售出版權，特別是拍成歡樂的音樂卡通電影。

電影《大夢想家》的場景不斷穿梭在崔弗絲過往的記憶，以及與迪士尼公司談判的現實情景。

其中，女主角崔弗絲在談判期間，被「騙」進她一直很排斥的迪士尼樂園時，看電影的我即不由自主地「哭個不停」。看完電影後，我體會了很久才有點知道自己怎麼了！似乎我已經替崔弗絲感覺到，她內心被桎梏的童年創傷即將「開啓」……

崔弗絲的父親是個浪漫熱情的人，卻也因此無法適應功利的現實社會。是因也是果，父親同時長久以來深受嚴重的酗酒問題所苦。然而，父親非常愛這個大女兒崔弗絲，常和她一起玩遊戲，帶給她如童話世界般，充滿無限想像、驚奇、快樂和夢想的童年。但父親在現實生活中，也以這樣不務實的想像方式，逃避無力、挫折的工作，擔負不了養家的責任。

當他被任職的銀行降職，舉家被迫遷居到經濟活動落後的鄉下小鎮後，薪水少得可憐，以致父親酗酒的情況變得更糟，最後在崔弗絲七歲時就病重離世。

我想，崔弗絲排斥「迪士尼樂園」，就是基於矛盾心理的一端——童話幻想的世界只是假象，最終只會帶來殘酷的現實悲劇；但另一端，她也明白，在那裡可以「觸碰」和重溫珍藏於內心深處的美好童年時光，以及對父親的懷念與愛。

童年所經歷的幸福、痛苦、失落來自同一「源頭」，而且還是生命中最重要的父母親之一。這種過大的心理「落差」——很愛他，所以好難怨他；很想念他及父女一起度過的美好時光，但想起父親時，同樣也經驗到生活中的苦、父親的離開。這一切使得需要投射出去又難以「觸碰」的痛，更無法言說。

同時，年幼的她完全無法理解父親矛盾的作爲，也難消化母親對父親的抱怨。且因父親的過世，她接下來的成長過程與生活，更變得異常艱辛。因此，「療癒」也更加困難。

崔弗絲帶著這愛恨糾結的「未完成事件」，成爲一位挑剔孤僻的單身女子，靠著幼年和父親幻想遊戲的美好經驗，寫出經典小說《瑪麗．包萍》，成爲知名作家。但她執拗地陷在對父親充滿矛盾情感的這部作品裡，不但新作一直難產，也不願接受將作品改編成電影。直到生活經濟出現困難，才勉爲其難地考慮和迪士尼公司合作。這過程並不順利，崔弗絲還曾氣憤地丟棄合約返回英國。

最後，迪士尼先生親自飛去英國倫敦拜訪崔弗絲，用自己也和父親有關的童年創傷故事，以及他的「夢想」和創立「夢想世界」的宏願，鬆動了崔弗絲的心，讓她再次回顧兒時與父親之間的愛與歡笑，以及痛苦陰影，這才終於首肯讓迪士尼把她的小說拍成電影。

與幼年創傷相連的人生

另一部電影《與愛何干》，是改編自黑人女歌手蒂娜．透娜的傳記，描述她出名前遭受嚴重家暴的坎坷人生。對我而言，整個故事中印象最深刻的段落則是片頭——她幼年被遺棄的經驗。

那天，小透娜從教會唱詩班練歌返家，遠遠看到經常遭父親毆打的母親，正毅然決然地帶著姊姊要離家。外婆在後面追問：「那透娜呢？妳不管她了嗎？」母親說：「讓她跟著妳吧，我無法照顧兩個孩子呀！」

外婆帶走了透娜，也勉力照顧她一陣子。然而，小透娜內心已經深植「自己不值得被愛，母親才會選擇帶走姊姊而棄她不顧」這樣的信念。加上太早目睹父親家暴母親的經歷，也讓她渴望父母的愛與家庭溫暖的需求，永遠滿足不了。

我想，蒂娜．透娜這未完成的核心需求，多少都影響著她日後的選擇——選了一個神似父親的丈夫，重蹈母親受家暴的命運；更因不願輕易離開孩子，使得數度想結束婚姻的計畫，不得不一再宣告失敗；雖然憤怒丈夫的劈腿背叛，也因不忍外遇生下的孩子惶恐不安而收留他們。

蒂娜．透娜最後透過宗教的協助，讓無法滿足的需求得到心靈的撫慰，也終於離開那段不堪的婚姻。更寫了《與愛何干》這首歌，創造演唱生涯的高峰。

透娜未獲得滿足的被愛需求與家的呵護，以及被遺棄的創傷和恐懼，使她很快愛上前夫，並過早走入婚姻，更讓她看不見自己的能力和外在資源（小有名氣的狀態、不錯的經濟狀況），也難以離開吸毒又暴力的前夫，籠罩在可怕的關係中許久。

這些故事讓我們更清晰地看到，未竟事宜常讓我們一直無法看清「新的」外在客觀情勢，及「誤解」自己當下內在的需求和情緒。使我們人生裡的各項選擇，不自主地受未竟事宜的過去傷痛事件影響。於是，原本已經不容易的人生，將更爲艱辛！

5 重新面對「未竟事宜」，才能完「形」

每個人都有一段幼小無助的成長過程。外在家庭環境不見得能完全保護我們，所以，多少都有些內在情感和需求無法獲得滿足，也會因此在人生過程中經歷引發強烈情緒的困難狀況。因此，「未完成事件」總是盤旋在多數人的心裡。

如何減低「未完成事件」干擾我們日後的覺察、判斷和抉擇？完形諮商學派認爲，需要讓潛意識裡的未竟事宜創傷記憶浮現，並勇於面對，才得以有機會重新整理而完「形」。

接下去，我要說的故事——電影《扭轉未來》，不但可看見未竟事宜的影響威力，更點出處理未竟事宜的主要方式，相當的「完形」呢！

與童年的自己相遇

電影主角洛斯年屆四十歲前，幸運地和已被他刻意遺忘的八歲自己再次「相遇」。

八歲的小洛斯是個身形圓胖、善良憨厚、非常愛狗、長大想開飛機的小男孩。但這樣的個性，使他在學校經常遭受頑皮同學的霸凌。

八歲那年的某一天，幾位同學故意虐待小洛斯救來的流浪狗，企圖挑釁、激怒他。小洛斯爲了這隻黑狗，一反平日隨和、退縮的態度，和這些同學打起架來。當然，他不但不敵同學的圍毆，自己和狗狗都受了傷，且因打架須依校規接受處罰，由家長帶回管教。當時，擔任大卡車貨運司機的父親正在外地工作，只能由在家養病的母親親自來接他。沒想到母親之後病情卻加重，不久即離開人世。

父親回家後，得知小洛斯所犯的錯，氣急敗壞地責備他，也氣他危及母親的身體健康。小洛斯既害怕又委屈地哭泣，父親卻斥責他不准哭，並用力地又掐又捏他的眼皮。阻止他哭哭啼啼，像個長不大、沒用的小孩。

這樣一連串的痛苦經歷，讓八歲的洛斯誤以爲自己原有的夢想只會傷害自己，甚至害死媽媽，而哭泣更是父親口中沒用的情緒。小洛斯自此不允許自己再哭泣，並且決定要賺大錢，以得到人們的尊重。於是，小洛斯決定違背本身特質，去做個不一樣的自己，選擇了全然不同的生活方式。

三十多年後，他壓抑和否定自己內在的情緒和需求，因而罹患輕微的焦慮症，一有壓力，眼皮就不自主地跳動；他扭曲了對情感的感受與付出，不敢也不知如何追求所愛的女性；更搬離家鄉，和父親關係變得淡漠；他放棄了自己的最愛與夢想，雖賺了不少錢，卻只能在豪宅中吃著微波食物，孤孤單單生活。

當八歲的小洛斯看到四十歲的自己竟然沒養狗、沒結婚，更不會開飛機，還過著富裕但沒有眞正朋友的無趣生活。小洛斯失望極了！

大小洛斯剛相遇的那段期間，雙方都看對方不順眼。經過一段時間的相處，兩人才慢慢相互瞭解與接納。洛斯帶著小洛斯去學拳擊，希望他回到原有的時空後，能不再受欺侮、有能力保護自己，並在打架時，可以痛揍那些惡霸同學。

直到他們四十歲生日的前一天，兩人決定攜手穿越時空回到過往，再次經歷小時被霸凌、被父親嚴厲責備，以及母親過世的痛苦經驗。

再度重來一回，卻除了打贏那些欺負他的同學外，什麼也沒改變。打架不論輸贏，都需要接受同樣的處罰。接下去，已發生的事情和結果依舊，完全無法更動。小洛斯哭著向大洛斯說：「沒有用，什麼都改變不了，媽媽最後還是死了……」這時，已長大的四十歲洛斯，雖然同行卻處於旁觀的位置，以致對當年所發生的一切，有重新的了悟。他懂得父親的斥責，主要來自對妻子病逝的深深悲痛，以及之後要獨自面對照顧幼子的焦慮；當時爲保護愛狗而與人打架，其實也是必要的「正義」選擇；久病母親的過世，更不全是因爲自己被校方處罰得出門接他所造成的。

大洛斯蹲下身來，認眞地告訴小洛斯他的重新「看見」，並疼惜地抱著小洛斯說：「你沒有錯……」

這部片子的結尾，是大小洛斯一起在停機坪外看到未來的自己。六十歲的洛斯正帶著妻小和一隻黃金獵犬，準備駕駛私人飛機去旅行。

只有當洛斯願意重新面對過去那不堪回首的記憶，承擔並接納當時的自己，然後再以成熟、長大的自己，去陪伴當年的小洛斯一起重看這「未竟事宜」，那份懂得，就可讓這未完成的「形」終能「完形」了。

若能有機會對這經歷給予全新的理解，即可以放下那些當年為保護自己所違背內心的決定，重新做出符合眞實自己的選擇，擁有屬於自己的人生。

由長大的自己照顧自己

不過，「未完成事件」既深藏在潛意識，又是過去的創傷痛苦經驗，要處理它，確實很不容易，可能需要重複經歷數個關鍵的步驟。

首先，我們要去探索自己的成長歷程。

我曾向帶大自己的外婆、父母、手足及重要親友，探問小時候的一些特別經歷。很有趣的是，即便發生時同在一起的人，記得的內容也常南轅北轍，但這些羅生門似的說法，仍幫助我喚起自己某些遺忘的記憶。

接下來，要在有人陪伴並安全的環境下，引出事件當時的情緒，適度宣洩。（若情緒強烈又痛苦，最好由專業心理師陪伴，才不致被這些情緒所淹沒。）

最重要的一步，是讓現在成熟、有力量的「我」現身，以愛去照顧那曾受過傷的自己，讓過往的痛苦情緒能逐漸褪去；讓既無助又無力的「小孩」看見，那是當時幼小的自己對事件的因應狀態。現在，不但已事過境遷，自己也已經長大，是個有能力面對挑戰、解決問題，並保護自己的大人。當然，現在的自己更能站在較爲客觀、清明的角度，重新理解當時發生的事情，以及重要他人情緒反應的緣由。

如此，我們才能有效修正早年烙印在腦中的情緒記憶。也就是說，完成「未竟事宜」這個「形」，它才能眞正退回背景，在記憶寶盒中找到適當的位置安住，不再隨便出來作怪。

所謂成熟有力量的「我」，也就是本章第二篇所述的「主體性自我」。所以，若感覺內心潛在的自我還不想眞正長大，可能需要先在強化「主體性自我」上下點功夫囉！

第三章

自我界限與各種逃避策略

1 「接觸的循環圈」與「解離」逃避策略

在完形諮商理論中，有個概念稱爲「接觸的循環圈」，描述內在企圖去因應或滿足內、外在刺激所激起的需求或情緒之歷程。這個循環自我們出生起就不斷運作。人類無法像大多數動物般，短時間內就能夠脫離父母自行求生。我們有很長的一段時間，生理、心理的各種基本需求，都需要由他人——主要的照顧者——來回應與滿足。若照顧者沒能積極有效地協助嬰幼兒充分滿足基本身心的需求，將不只牽涉到存活，更對日後心理、人格的發展產生重大影響。

而需求和情緒是一體的兩面。需求獲得滿足，人們感覺到愉悅情緒；需求無法滿足，則引發不快情緒。例如，小嬰兒餓了、冷了、尿布濕了，就立刻生氣大哭，照顧者趕來適當回應與處理，嬰兒便開心地笑或露出滿足的表情。反之，當刺激引發情緒升起，通常會有相關需求產生。如幼兒遇到家中突然停電，一片黑漆漆的環境，讓孩子害怕，這時就有被大人陪伴或安撫的需求。

我先以下面兩個實際的例子，說明此「接觸的循環圈」不斷循環的歷程。

當一個正在專心玩積木的兩歲女孩，突然**「接收」**到胃部收縮的感覺訊息，並**「知覺」**到自己餓了。內在飢餓的需求升起後，女孩尋找食物的**「內在能量」立即啓動**。此能量引領她**「面對」**環境，以找出各種可以滿足此需求的方式。僅兩歲多的她，最可能是向照顧者阿嬤哭叫著：「我餓餓，我要吃飯飯！」當她因此得到阿嬤的回應，給她食物或餵她吃東西來**「滿足」**她。女孩吃飽了，飢餓需求**解決**了，爲此需求啓動的能量才會慢慢退去，回到此循環的平靜起點。

另一個四歲男孩，獨自安穩地睡在兒童房裡。半夜變天了，閃電打雷，起風並下起大雨。男孩的感官**「接收」**到這些聲響和閃光後被嚇醒。半睡半醒的他，誤以爲是會咬人手指的老巫婆要來抓自己了，引發他強烈的**恐懼情緒**。恐懼促使他的**能量啓動**，開始面對環境想要救自己。他想到爸爸媽媽睡在隔壁房間，立刻拉著小被子和他的寶貝熊，跑進父母的房間，希望和他們一起睡，讓父母保護他（**直接處理**）。這過程可能有些小**「衝突」**（指雙方有拒絕、哀求、協商等過程），同時父母原本的睡眠狀態也遭**「破壞」**。父母會同意小男孩的乞求嗎？若答應男孩的要求，男孩便得到**滿足**；父母也可能拒絕，男孩只好回房間躲在衣櫃裡，算是以退而求其次的**「類化」**方式救自己。不論滿足或類化，剛被恐懼啓動的能量一樣可以退下，回到原點。隨時等待著下一次的運作。

從這兩個例子，我們可以對照看出這「接觸的循環圈」，走一圈共有八個步驟：

- 蓄勢待發前的「靜止點」
- 「感官接收」
- 「知覺判斷」
- 「能量啓動」
- 「面對環境」
- 「衝突和破壞（直接處理）」
- 「解決與類化（滿足）」

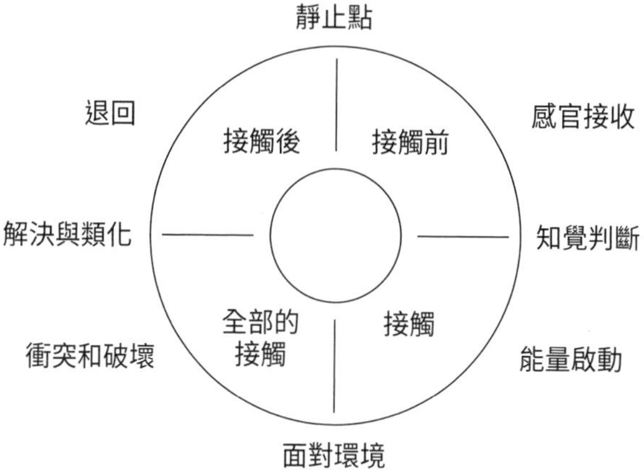

接觸的循環圈示意圖

- 「退回」
- 回到起始的「靜止點」

前一例的小女孩是由內在刺激（胃部感覺）啓動循環圈的；後者的小男孩則是外在刺激（閃電打雷）引發這循環圈的運行。特別稱之爲「接觸」的循環圈，是因爲「接觸」爲循環圈運作的關鍵。不論內在或外在的刺激出現，我們都需要願意去「接觸」這刺激——從接收到知覺判斷，再到能量啓動；接下來，我們勇於「接觸」可能滿足自身需求的外在環境——面對環境，進而直接處理；滿足之後則逐漸離開刺激與環境的「接觸」，退到個人內在靜止的狀態。

你是否知道自己正在逃避？

每個人的每一天，「接觸的循環圈」都會啓動千百次。可想見，若這循環圈的過程多數都不能順利「解決或類化」，無法完成歷程再退回原點，會帶來多大的問題。特別是年幼的孩子，循環圈老是走不完，他們該如何是好？通常無助的他們只能藉由否認自己有這些情緒和需求來因應。

完形諮商稱這種否認自己有情緒和需求的因應方式爲「逃避策略」。我們的需求和情緒被否認掉，就等於生、心理的渴求都無法獲得滿足，情緒也遭到壓抑了。自小經常如此，要健康長大實在很難。不但無法發展主體性自我，自我的價值感也很低。連自己的需求和情緒都不願去接觸及面對，不論內外在的「覺察」，自然也都模糊混亂……

成長過程中，我們受到阻礙而無法合宜抒發情緒和滿足需求的情況很複雜，因此會根據不同的狀況或時空，發展出不同的「逃避策略」。完形諮商理論歸納出六種逃避策略：

一、解離（deflection）
二、內攝（introjection）
三、投射（projection）
四、迴射（retroflection）
五、自我中心主義（egotism）
六、混淆／融合（confluence）

當然，六種「逃避策略」都不會是全有全無的。同時，在孩子長大的歷程裡，總不能都隨著本能的需求來運作。他們必須經過社會化的訓練——練習與他人共同生活的各種習慣；學習自我控制，延宕滿足某些需求、減少衝動與表達不適宜的情緒；學會換位思考，能考量他人不同的狀況——以致很多內在需求無法立即滿足，「接觸的循環圈」常受阻而無法順利走完，也屬常態。也就是說，既然「接觸的循環圈」不可能都順利完成，因此，人人或多或少都可能發展出上述六種逃避策略。

人們在需求滿足和情緒表達上，遭遇各種挫折與阻礙時，暫時用「逃避策略」來否認，以躲掉無法如願以償的痛苦感覺，也算是一種保護自己的方式。只是這些「逃避策略」的運作若過於頻繁，甚至已經形成自動化或進入潛意識的狀況，意識層面根本無法覺察自己在使用它們，就會產生發展與心理上的問題。因此，我們需要時時去檢視是否過度使用「逃避策略」，以免阻礙成長與生命。（本章各篇將一一討論這些逃避策略）

本篇我將先討論其中最「極端」的一種逃避策略——「解離」。這種逃避策略是在「感官接收」後就直接否認任何內、外在訊息，阻斷感官所接收到的各項刺激訊息進入腦中，使我們的「知覺」無法和外界保有持續性的接觸。譬如，聲音刺激進入耳朵，耳朵本身是收到聲音訊息的，也能傳到大腦相關部位，但我們主觀上不願意聽到，更刻意排除那訊息，於是就「真的」聽不到了。

徹底隔絕外在的解離策略

「解離」和其他逃避策略有個共同目的：既然依照過去的經驗，接收到的刺激都無法順利處理，不能滿足的失落又很令人難過，乾脆直接不去知覺到會引發內在需求或情緒的刺激。例如，經常被侵犯或遭暴力相向的孩子，逃不開這樣的狀況和痛苦情緒，只好在被打、被傷害時，隔絕自己感官接收的傳遞功能，不再去「知覺」到這些加諸於身上的可怕傷害。或者，他藉著使用幽默、以及打岔式的發問或行爲，不去「體驗」到自己感受到的痛苦。

老片《潮浪王子》中的男主角湯姆，就是使用「解離」逃避策略的典型例子。湯姆自幼受到父親凶暴無理的管教，且目睹父親對母親家暴；母親又是個矛盾不一致的人，當孩子受到傷害時，總叫他們假裝一切沒有發生過。即使有次湯姆和雙胞胎妹妹被越獄的惡徒強暴，母親仍不斷告訴他們什麼事也沒發生。父親値完夜班回來，母親還要求他們開心地同桌吃飯，不准表現出異樣。以致湯姆自小被迫學習用「解離」的方式「躲開」痛苦。

習慣否認自己的感覺、情緒和需求，在關係上，自然也難體會他人的情緒與需求，更無法感受及付出眞正的關懷和愛。這一切讓湯姆和妻子的婚姻關係因此產生很大的問題。

一次，湯姆在妻子莎拉力邀下到海邊散步。莎拉想藉此機會討論雙方疏離和混亂的婚姻。湯姆一開始多敷衍地回應。在太太提出關係中的關鍵困境時，湯姆突然手指向天際，狀似興奮地說：「看！北斗七星！」莎拉受不了湯姆這種解離式的逃避，哭著跑開。自此，婚姻關係陷入谷底……

湯姆之後為此接受心理治療。在治療的過程裡，他也常在治療師提問時，顧左右而言他，甚至兩手一攤，哼句歌帶過。治療師若進一步「面質」他，他就辯解（美國）南方人的生活哲學就是——事事都要以幽默帶過，不要當眞。

常用此種逃避策略的人們在與外在環境「接觸」時，自然會接收不良，甚至經常斷訊。這是一種處在不眞切觀看與聆聽外在世界，也無法與自己內在接觸的狀態。於是，在與他人相處上，這類人也只能觸及些無關痛癢的事，情緒感受和表達也會變淡、變少。他們更常感受到情感與關係（包括自己與自己的關係）異常地空虛，他們的相對關係人也被迫去經驗這種疏離的痛苦。

而相較於其他逃避策略，解離的逃避策略在我們身體上的作用特別強。它隔絕了感官所收到的刺激訊息，不讓我們「知覺」到，以致最常被忽略和否認掉的就是身體內在所發出的需要和情緒訊號。

例如，某人在趕一份重要的報告，不希望身體的不適狀態，影響了自己的執行效能。當他自動化地運用「解離」逃避策略，使自己完全感覺不到肚子已餓得咕咕叫或肩膀痠痛得很；又或者一位向來敬畏權威的人，與上級大主管開會時，也就忽視冷氣太冷，根本不會注意到自己的手已經凍得變色；而總是擔心不受歡迎而要求自己永保好脾氣、好形象的人，即便遇到不合理或被人欺負的情況，也無法感到自己生氣的情緒。

這些人如此無視身體本身的各種警示訊息、不「想」察覺他人傷害了自己的身體或心理、遭遇意外事件的傷害也同樣忽略自己的感覺，甚至刻意傷害自己以試探失去的「感覺」是否存在，根本談不上能保護或照顧自己的身體。

若發現自己可能也會習慣性地使用「解離」逃避策略，先從體察身體的感覺開始練習，會是個好的起始點。特別可參考本書附錄一，進行身體的「內在覺察」，包括餓、癢、痛、內在器官的蠕動、肌肉關節的緊繃或放鬆、空氣進入身體的流動感等等，或是注意喜、怒、哀、樂、懼等各種情緒的生理反應。這樣做，可以重啓與自己身體和情緒經驗的「接觸」管道，必有機會逐漸放下「解離」的習性，認眞面對自己身體眞正的需求與情緒感受。

其實，我們的身體是個超神奇而完美的系統，充滿了原創、古老的智慧。若能重視身體的聲音，必能對於「宇宙」或自身的瞭解獲益良多。

不過，不自覺地使用「解離逃避策略」者，很多人如同《潮浪王子》中的男主角湯姆般，是出於幼年的創傷經驗。如此一來，可能需要在專業心理師的陪伴下，以類似處理未竟事宜的方式，勇於面對和重看自己過往的傷痛，好好療傷。然後，不再逃避屬於自己的需求和情緒，學習用現在成熟有力量的「主體性自我」，去滿足需求和安撫情緒。

2 「內攝」逃避策略——自幼套著的緊箍咒

很多父母都抱怨孩子不聽他們的話。但在我的經驗裡並非如此，其實大部分的孩子都如烙印般把父母的要求、期待、規範，以及父母的行爲模式牢牢刻在心中。

只是有時，爲滿足人類另一份基本需求：獨立自主。孩子們會以看似反抗、對立的行爲表達，以爭取完成「個體化」。但通常也不過是無謂的掙扎，因爲那只是對限制的反動，無法眞正達到獨立且自我實現之目的。

「我很小的時候，父親的家族企業在一次意外後，垮了！這個家全靠著聰明幹練的母親，以拚命三郎的精神撐過去；當然，母親的身體因此被拖垮了，現在一身病痛。

「從懂事以來，我一直堅信若沒有如母親般的才能及堅毅特質，就會被這個社會淘汰，無法好好地活下去。

「但是很慘的是，我遠不如母親那樣有才智，更缺乏足夠的毅力打拚。在學業上，難以出類拔萃不說，挫敗經驗總如影隨形地跟著我。現在工作了十多年，感到自己越來越笨拙，腦袋常空空如也。身邊新進的年輕小伙子，一個比一個優秀。

「雖然前年順利升上主管的位置，但大概只是因年資夠深吧！焦慮卻與日俱增，睡眠受到嚴重影響，天天都擔心老闆會看穿我根本沒能力，只是草包一個，說不定會立刻被炒魷魚。目前我太太請著育嬰假，沒什麼收入，若我也沒了工作，不但我自己完蛋了，我的婚姻家庭也將不保！」

＊＊＊

「我知道這些焦慮有點不合理，卻揮之不去。再不找人談談，我會崩潰！

「記得小學畢業時，我得到了市長獎。那天晚上，父親語重心長地對我說：『我和妳媽沒生個能傳宗接代的兒子，這也是命。希望妳們三個至少讀個專科，學到一技之長；找個像樣的婆家，嫁過去不會被欺負就好。沒想到妳還挺能讀的，比妳兩個姊姊強多了。那老爸就冀望妳啦！日後好好弄出個名堂來，讓人家看看，我的女兒可比他們的兒子都強！』

「從此，這番話就如孫悟空頭上的金箍圈，牢牢地困住了我。但它似乎也成了對我的一種詛咒，我不管怎樣拼，再也得不了第一。高中沒考上第一志願，大學也進不了名校名系。」

我知道她之前讀的也是排名很前面的國立大學，忍不住打岔問：「妳認爲父親期待什麼？排名更高的學校嗎？」

「父親從沒明說，對我考上的大學也表示不錯，但我看得出他是有遺憾的。我猜他希望我上臺大，或至少也讀個醫科或法律吧！反正，我覺得自己糟透了，一事無成！畢業也七、八年了，仍在家小公司賺個四、五萬。雖在念研究所，但論文進度落後很多，眞擔心拿不到學位。而且，我都過三十歲了，嚴格說起來卻連個眞正的戀愛也沒談過一次。事業成就乏善可陳，也沒玩樂、享受到，更可能孤老一生。唉！爸看錯我了，我讓他失望了！」

從這兩位過度看輕自己的年輕人故事，我才懂得何以有人明明表現不錯，卻對自己很不滿意，以致焦慮或憂鬱纏身。原來，自小受到父母的「身教」，或收進了父母的期待，讓他們依此訂定了一個高遠目標，完全不考慮自己的能力、性向、特質、興趣和需求。若剛巧能配合得上，那還好；不然，就成了遙不可及的摘星式夢想，只是回頭打壓自己的信心。

不論自己多努力，或已有相當的成就，只要不符標的，內心總是充滿挫折、焦慮、不安。這樣如何能建立起自信？又如何能過屬於自己的自在人生？

為什麼你看不見自己

「每次，我因自己的情況有些爲難，而想要拒絕他人的請託時，馬上會想到爲了我們幾個孩子逆來順受的母親。此時我就慚愧地難以開口說『不』，覺得自己的情形比起母親的犧牲，實在沒什麼大不了的，咬咬牙也都可以應付過去，別讓他人失望比較重要。」

「想爲自己辯駁或爭取本該屬於我的東西時，腦中就會浮現父親的諄諄教誨：凡事要多忍耐、吃虧就是占便宜、日久見人心。我只好退縮回來，算了吧！」

而我自己年輕時，期待周遭都能覺得我是認眞努力的人而喜歡我，常連停下工作去上個廁所也「不敢」。因爲，我深信外婆經常訓示我的「懶人屎尿多」。

在孩子們的幼年階段，一則視父母爲萬能者，非常忠誠地依附與認同於父母親或主要照顧者；再則深怕不遵照父母的教導，會被遺棄或得不到父母的愛。因此毫無選擇，只能如囫圇吞棗般，把父母的行爲方式或「教訓」吞進肚裡，並且無意識且自動化地遵循。（現今社會，仍常聽得到父母大聲斥責：「再不聽話，我就不要你了！」我雖理解這多是父母爲管教子女的恐嚇語言，然而對孩子來說，這不就意味著——不乖，父母會丟掉你，也不再愛你了。）

完形諮商理論稱此種現象爲「內攝」逃避策略。人們吞進太多規範、期待，以致自己內在眞實的需要和情緒，變得非常容易牴觸這些來自重要他人的要求。於是，逐漸學習去逃避覺察自己眞正要些什麼。畢竟，覺察到了又怎樣呢？還是只敢照著內攝進來的一切規則與期待而行爲呀！所以，「內攝」也就成爲一種最核心的「逃避策略」。

有時，人們也會內攝父母對自己不合理的評價或誇大的指責，以此來攻擊自己，對自己不滿意。

「你到底是誰、喜歡什麼、想要什麼、適合做什麼？」這些需要人們找到屬於自己答案的問題，對用多了內攝逃避策略的人而言，則成了回答不了的難題。

即使意識層面很討厭、抗拒父母的要求和教條，或很不願意及害怕過著像父母那般的生活，偏偏內攝的內容連結之深，直到長大後，才驚覺自己很多反應和行爲方式，竟與父母同出一轍。這一切宛若孫悟空再有多大能耐，仍難逃出如來佛的手掌心。

當然，遵守適宜的規則、要求、期待，是社會化必經的過程，並不是錯誤。但若幼年因誤認規則的內涵，或錯將其視爲攸關死活的生存法則，不加思考就無條件且僵化地去執行，就會如同前述的幾個例子，嚴重干擾了自己的成長與生命運行。

如果要減輕「內攝」的影響，需要試著重新檢討自己內在的規則、自我期許、自我批評等，有些規範可能並非爲眞，如：我一定要是最好的，不然就一文不值；有的規則在現今社會或某些情況下可能不再適用，需要練習放下，如：我絕不可以哭，那不像個男人該有的表現；有些則需要配合目前的環境，適度鬆動，如：我必須掌控所有的事情；有些規則該變得彈性些，如：我一定要在晚上十點以前回到家等。

我建議減少「內攝」逃避策略的干擾之實際做法如下：以聯想方式完成下述語句，如：我一定要……／我必須……／我絕不可以……等，至少十句。再逐一緩慢地念出這些句子。和好友一起互相讀和聽更佳。檢視寫下的句子，不論是否在理智上知道已經不需要或不適用，哪些想法還僵固地控制著你？深入去探討（和幾位夥伴共同討論效果較好）那規條從何而來？對自己的影響是什麼？需要放下它嗎？或只要鬆動變得彈性些即可？

若發現某個教條來自如母親這重要照顧者的教導，但已不適合現在的社會情境或是你的現況，可以試著寫信給母親（不需要眞的給母親看）或用之前提過的完形「空椅法①」。試著練習表達：「謝謝母親的教導，自小這規條讓我……受到不少幫助。但現在我長大了，我將它還給你，我會用更適宜自己的觀點來生活。但我還是和之前一樣愛你……」（表達的細節內容須依據本身狀況調整。但記得一定先感謝這規條過往對你的助益，並清楚告知只是要讓自己鬆綁，敬愛對方的心不變。）

然而，「內攝」是在人們很小的時候吸納進入的，越乖巧、順服的人，可能內攝越多、越強烈，也越難調整。眞要深層次地好好處理，還是須由專業心理師協助較佳。

---

①詳見第二章第一篇〈放棄改變的企圖，改變才可能發生〉。

3

「投射」逃避策略——這不是我，那都是你

我非常討厭那個愛現又愛計較的同事志傑。每次自身權益有些微受損，他就會立刻跳出來據理以爭，絕不讓自己吃一點虧；做了什麼有功勞的事，也不斷掛在嘴邊炫耀。眞是夠了！

只是，爲什麼偶爾我也會羨慕志傑？

誰不想讓自己很棒的地方給大夥看見？誰又希望受到不合理的對待？但志傑這樣不是太自傲、太小心眼、太不懂得忍耐了嗎？

＊＊＊

不知怎麼的，每次主管關心我的企畫案進度，或提供一些修正意見，我心中就會

冒起一股無名火。雖不敢太強烈地反嗆主管，但我猜主管應該早在我的臭臉上讀到憤怒。哪天他受夠了，一定會開除我！

怎麼回事？我明明知道主管是好意，而且說眞的，他態度還算尊重，這份工作我也喜歡又能勝任。我到底在氣什麼呢？記得上次主管問我：「你那件案子進行得如何？」我心裡竟想吶喊：「你總是不信任我，所有的事你都要干涉、管制，在你心裡，我就是個沒出息的人。」那可是我過去一直想向專制且對我事事不滿意的父親吼出的話。難道我把對老爸的感覺弄混在主管身上了？

＊＊＊

我好喜歡英文老師，尤其是老師的笑容，好溫柔、好親切，有種特別的熟悉感。我超認眞讀英文，希望老師能注意到我、讚賞我。可是很奇怪，同學們卻說她又凶又不公平。當大家批評老師時，我都很生氣，但也相當困惑。有次，我又忍不住幫老師辯解，好友竟然說：「我覺得那是因爲妳沒有媽媽！」我才忽然發現，老師長得眞的有點像我媽呢！我把她當成媽媽了嗎？爸不是說媽媽狠心離開，根本不愛我，要我不必再想她了。我好像並沒有想念媽媽呀！

人們有一種很特別的「逃避策略」。自小被重要他人灌輸或規範，若發現自己竟然還存有那些不被接受的特質、情緒、需要或不可得的情感時，就會巧妙地把這些丟到別人身上，認爲那全是別人的，否認那是自己的。或將此不可得的情感，轉換成對另一人的心情，而誤判自己對那人的感情。這就是完形諮商理論中的「投射」逃避策略。

人們擁有的所有內在特質都有其功能，爲成就個人的完整性貢獻一份力量。因此，逃避自己的某項特質，就像切割掉身上的某個重要器官，身體的整體運作必定會受到影響。

第一例中，主角可能自小被教導好孩子要隨和、不計較，甚至忍讓、吃虧就是占便宜。而彰顯自己更是不被允許的，人必須謙虛、曖曖內含光。因此，完全否認自己有爭取權益的特質和表現自我的需要，反而對能這樣做的人充滿了厭惡，覺得那樣的人絕不是「好人」。

這不但讓他無法眞正看待和滿足自己內在的需求而鬱鬱寡歡，也可能在人際上產生較多的衝突，或扭曲很多對事情的理解。

第二個例子的主角忽略自己和父親關係中的糾結，也不願面對自己因自小達不到父親的要求與被嚴厲責罰而有的挫敗情緒，更可能也在某種程度上否認自己渴望受父親肯定及讚賞的需要。當遇到角色位階與父親相仿的主管，便很自然地把對父親的情緒「投射」到主管身上，變得過度敏感、脆弱。

於是，那些不敢向父親表達的情緒無法消退；投射在主管身上的感覺，也容易造成新關係的挫敗，其內在希望受權威者肯定的需求也就更不能得到滿足。主角雖有些許覺察到可能與父親相關，但每次碰到類似狀況，過往逃避的內在感受就會不自覺地浮出來，干擾主角理性合宜地接收主管眞實的意思。以致他心中的混亂、委屈和空虛感揮之不去。

從第三個例子則可以看到，即使是正向情感的投射，有時也會因錯置的感情而選擇了錯誤的親密對象，既困住了自己也可能傷害到對方。

因此，當厭惡他人的某些特質、對某人容易產生特定情緒，或對他人莫名有頗強烈的正負向情感時，都要敏銳地去覺察是否爲自己的「投射」；若是，自然要想辦法將之「認」回來。

但是該怎麼認回投射出去的特質、需要、情緒和情感呢？前三者都可以運用類似扮演的方式，「成為」具有那特質、需要和情緒的人。例如，第一例子的主角可以想像自己是同事志傑，試著以他的據理以爭或炫耀自己優秀的樣子演示出來。若能感覺到這樣做或這樣表達也挺不錯的，甚至有熟悉感。那確實可能是自己投射出去的。於是，你可以重新檢視這些特質、需要和情緒。慢慢嘗試接納它們回來……

當然，你是你自己，需要用自己的行為方式，去表現或表達這些之前被你否認的特質、需要和情緒。甚至，只是認回、接納它們，不一定要特別改變什麼。因為接納它們是屬於自己的，也就不需要投射出去在他人身上，進而混淆了對自己的「覺察」。

覺察清明後，就可以好好為自己重新做出「選擇」了！

別輕易收下他人的投射

相對地，別人也常會將自己不想要的特質、需要、情緒等「投射」到我們身上。

特別是社會觀點中所謂的負面特質和情緒。像上述例子中的同事志傑、主管、老師就都是被「投射」者。

我們可以注意到：若有人過度地批評指責我們、抱怨我們的情緒貶低或傷害了他、或是強烈地服從和依賴我們，以及特別喜歡或討厭我們。有可能就是他們「投射」了什麼到我們身上。

別輕易收進這些「投射」，不然會如穿上不合身、不適宜的衣服，弄得自己既難受又不自在；或像照哈哈鏡般，看到被扭曲後的自身樣貌，混淆了我們對自己清明的認識。

我們必須試著分辨別人的投射。譬如：

一、**對你的評論與多數人不同**：大部分友人都認爲你是個隨和開朗的人，某人卻批評你古怪、孤僻、很難相處；團體中，你雖擁有一些權力和地位，但同事或部屬們都感覺你親和、公正、不擺架子，但某位部屬卻很敬畏你，經常過度順從，不敢表達任何意見。

二、**對你的抱怨和你原本的行爲意圖差距過大**：你向某人表達關心，對方卻覺得你壓迫、干涉他；當你帶領團體，想進行有益成員的活動，某成員卻在一開始就批評此活動沒意義，你是在浪費大家的時間，只是想偷懶。

三、**和你自身的感覺不符合**：你參與一個團體活動，明明感覺當下整體氣氛很和樂，某人卻責怪你把大家搞得很嚴肅、很緊繃；你很自然地和一群人相處，覺得大家的關係很適切且均衡，某人卻很依賴你，老是跟在你身邊，並認爲你和他最親近、特別喜歡他。

四、**和過去的經驗很不一致**：你一向在專心聽人說話時，以點頭及合宜的表情回應，這通常會產生良性的互動關係，但某人卻批評你很做作、虛僞。

當然，這些情形仍有可能是我們沒有覺察到自己潛在的意圖，沒有瞭解自己的不同面貌，或是人際感覺不夠敏銳、過度執著過往的關係經驗，並非他人的投射。但既然有了不太對的感覺，這獨特的評論和行爲，就該先放在心中的「角落」，不要馬上收進來干擾自己的判斷和行事。等到有機會，再好好看看這「投」過來的到底是什麼？

也有的時候，對方的投射和我們自己相關的議題是相互交錯影響的，類似一種共舞現象。

例如，有次我參加一個團體活動，某位成員述說她所遭遇的一項困境。說完後，突然對我非常生氣，氣我在她說話時不停點頭，很做作、不眞誠，其實根本不想聽她說話。我當時覺得莫名其妙，也有些委屈。還好，團體帶領者立即探究對方的怒氣，她才慢慢發現對我的生氣，是因爲她將先生的不滿——總是點頭稱是，卻從未眞心接受的態度——投射到我身上，和我其實並沒有關係。

但在活動結束後，我決定要好好看看自己這個習慣性的點頭行爲。一開始覺得沒錯，我只是想專心地傾聽並有所回應。但再繼續問自己，若只傾聽不予以頻繁點頭回應，感覺如何？這時心中升起了微微的恐懼感，似乎害怕不用力點頭，別人會覺得我不夠用心，不是眞心願意且不能傾聽別人。我不得不承認，那點頭反應確實也帶了點討好、留下好印象的意圖。

我因他人投射而做了省思，讓我對自己過度在乎他人評價的狀態有所覺察。於是，我有機會放下不必要的自我要求，開始調整我的行爲。

屬於我們的特質、需要和情緒，就要以包容、接納的態度承認它們，像個負責、有擔當的主人（主體性自我）般，馴養、照顧和安撫它們；不是我們的，則適時地還給對方。至少要隔絕在自身之外，可別輕易穿上他人硬套給我們的不合身衣服呀！

4 「自我中心主義」與「迴射」逃避策略——不間斷的懷疑與自責

人在成長的過程中，都需要不斷地滿足身心需求，才能夠順利長大。在心理需求方面，需要被擁抱、逗弄與依附。比較核心的心理需求，更皆是被照顧者所「愛」的議題。

當幼年時無法被「愛」，身體雖然長大，其他部分也都發展完整，被愛的需求卻逕自停滯下來，讓心中存在一個總覺得不被愛的「內在小孩」經常發出呼喊：「我要愛！」「爲什麼我沒有愛？」「爲什麼沒有人愛我」……

比較麻煩的是，我們的意識與身體都長大了，對於內在這種渴求愛的聲音，會感到痛苦，想要否認、逃避。但是，這個「內在小孩」並不會停止吵鬧。他可能躲在角落脆弱地哭泣，或對「愛」需索無度。於是，只要我們遭逢一點關係上的挫折，內在小孩的哭鬧反應便能將我們的理智淹沒。

在此我要討論的某些人，他們雖然也有個哭鬧討愛的「內在小孩」，但並非是因爲成長歷程中完全沒得到愛，而是幼年所經驗的被愛感受經常不一致、不穩定；或者是重要照顧者給出愛的方式，並非小孩子能夠領受的。

就如本章首篇談到的完形諮商「接觸的循環圈」，這些人因主觀上被愛的需求和情緒總無法被滿足與安撫，使循環圈老是走不完。於是，不得不發展出逃避策略——無法眞實面對自己內在需要被愛的感覺。

而總是感覺缺乏愛，又不敢面對自己需求的逃避策略，就稱爲「自我中心主義」。這個逃避策略很特別，它多是在循環圈倒數的第二個步驟（解決或類化）被卡住時所產生的。照理說，循環圈走到這兒，已找到方法去滿足或安撫一個人升起的需求和情緒，至少也可以由類化的方式解決，接著就會慢慢退回到平靜起點。

但對較年幼的孩子來說，他們滿足需求或安撫情緒的處理方式，多由大人協助才得以達成。大人是否能讓孩子信任，並有效地滿足或處理孩子遇到的困境，則是個關鍵。

我有個學生很怕小動物，尤其是巷弄間的野狗。有次，他提起小時候數次被狗嚇到的可怕經驗。因爲他描述的情境都是和媽媽一起出門購物或散步，我不禁問他：「那時媽媽不是在你身邊嗎？」沒想到，他既生氣又無奈地說：「我媽她呀，跑得比我還快……」他又說，自己長大一些時，曾向母親抱怨，母親總是說，她是先去找「武器」，並非逃跑（我想他母親一樣很怕狗吧，因此立即的反應是躲開。但確實很快再回來保護孩子，不然三、四歲的孩子，可能眞會被狗咬傷）。

當孩子感到父母親等重要照顧者，雖說要保護自己，但孩子主觀上並無法感到父母的意願或能力時，表面上好似已解決問題，但當事者的心裡並沒眞的獲得滿足。若以前一篇提過的例子來說，那誤將閃電打雷當成老巫婆要抓自己的小男孩，跑去找父母希望能和他們一起睡，由父母來保護他。若父母也答應了，當下似乎解決了孩子害怕被巫婆抓走的問題。可是，如果這男孩還沒睡著，身邊的父母就已經熟睡打呼了，比較敏感的孩子確實很難相信父母眞能保護自己……

常常失信於孩子的父母，也容易讓孩子無法眞正感覺父母是愛自己，可以滿足或解決自己需求或問題的。好比父母答應會準時去幼兒園接他放學，卻常讓他獨自等待許久。這時，孩子容易誤以為自己不知哪一次就要被真的丟棄了。這樣的不安全與不確定，有可能會一直駐留在孩子心底，老是想著如何能肯定地感覺到父母是愛自己的。此外，有的父母比較情緒化，高興時對孩子親親抱抱，心情不好時便將憤怒轉嫁到孩子身上，孩子感受到的也是不穩定的愛。

總是無法真切地感到足夠和穩定的愛，就只好在意識層面忽略自己這樣的需求，使「自我中心主義」的逃避策略因此運作了起來。

你只是不知道自己是被愛的

我自己小時候，則是無法真切體會父母那樣的對待是愛我與重視我。由於我是家中的老大，父母覺得我必須照顧弟妹，要做榜樣，犯了錯也是我先受到責罰。因此，從小我的主觀經驗便一直認為父母比較愛弟妹，不愛我。

直到大學參加工作坊，我在老師的引導下畫出家庭位置圖時，發現自己完成的位置圖是將自己畫在家的中心，家人都圍繞在旁邊！連我自己都覺得不可思議。

看著自己身在核心位置的圖，很奇妙地開始想起一些不同的記憶：國中畢業後，我就到外地念書，回家時，外婆總是會準備我愛吃的食物。印象最深的是，若季節符合，一定會有我愛吃的螃蟹料理，但其實家中其他人都不太喜歡螃蟹，更不用說以那時的家境狀況而言，吃螃蟹可是件奢侈的事呢；家中的很多事情，父母親常問我的意見，後來小我近九歲的獨子弟弟長大，對此還有些不是滋味；記得好幾次，我還陪母親出席弟弟的家長座談會；弟妹的重大考試，陪考者也總少不了我。

原來在家裡，我一直是個被看重的「大姊」。當這些過去被我「選擇」忽略的經驗清楚地浮現，被重視、被愛的感覺就都湧出了。

因此，採取此種逃避策略的人，主觀上覺得自己被愛的需求不獲得重視、不可能被滿足，「內在小孩」又一直哭喊著想要被愛。可是，當有人對他們表達關愛，他們總不能夠確定、不敢相信，於是便習慣不斷地去檢核、去審查：對方到底愛不愛我？是眞的愛我嗎？

我們之所以稱這個逃避策略爲「自我中心」，即是因爲它過度關注在自己的需求是否被滿足，甚至需要不斷去檢測對方對自己的愛是否為真。

在關係中，當我們總是要設計一些策略來試探對方，反而會造成關係的危機。另一方面，花過多力氣在關注自己好似未獲滿足的需求上，也多會因此忽略已擁有的愛與關懷。更不用說一直處在不確定是否被愛的焦慮中，自然也很難付出愛。這樣的狀態，便容易感覺心中總是「空」的，有個怎麼補也補不起來的「黑洞」。

想要減少運用「自我中心主義」逃避策略，可以用以下兩種方式：其一，練習在當下體驗需求獲得滿足的感覺。也就是說，當你感受到某人對你的態度或行為是讓自己愉悅的，符合內在需求的，就不要太快啟動策略，習慣性地檢視這些是否為真，而是專心體驗這樣美好的感覺，並放進心裡。其實，此時此刻的你能如此感受，便必然為真，要相信自己！不必期待所有善意的對待都要長久不變呀！換句話說，也就是懂得珍視當下相遇的情誼。其二，試著回顧成長經驗中和重要照顧者之間的愉快經驗，即使是很小的、很短暫的記憶也沒關係。以情緒記憶的概念來說，在一個快樂的回憶中，容易引出更多快樂的記憶；相對的，若老是想著痛苦的事，回憶就多拉出痛苦的經驗①。

出不去的情緒反身傷害自己

再來談談「迴射」。這個逃避策略的運作方向和上一篇談的「投射」逃避策略剛好相反。

「投射」是把自己無法獲得滿足的需求與需要接受安撫的情緒，巧妙地丟到別人身上，認為那是別人的情緒和需要，否認是自己有的。

「迴射」則是小時候渴望他人滿足自己的需求，但他人拒絕而引發的生氣情緒，出於各種因素不能直接對他人表達，而回頭轉向自己。通常會以肢體上的收縮，來阻擋原先要發出去的情緒，如肩膀緊繃、咬緊嘴唇、摀住嘴巴，或轉而對自己生氣。（多是生氣情緒，一是因為他人無法滿足自己需求，自然引發怒氣；另則因為年紀小，情緒分化未完成，感受到的就只是基本情緒之一的生氣②。）

這種逃避策略多半是在循環圈的倒數第三個步驟（衝突和破壞〔直接處理〕）受阻時產生的。

循環圈走到這裡，通常我們已經想到方法去實際解決被引發的情緒或需求了。再用那名害怕被老巫婆抓的小男孩為例。當他想到爸媽可以保護自己，於是進到爸媽房間，叫醒他們並提出要求——和他們一起睡，請爸媽趕走壞巫婆，讓自己不被抓走（這步驟所說的「破壞」，此例中就是指「破壞」了父母的安寧和睡眠）。

當小男孩眞實表達內心的害怕及需要後，父母不但不願答應其請求，還責備他亂想——哪有什麼巫婆——以及喝斥他膽小，要他回去自己的房間。小男孩繼續哀求，父母更作勢要打或眞的打了男孩。男孩想要再說，但怕被打也就不敢講了，那原本要出去的話語和情緒，只好往內收起來。小男孩當下會用肢體上的收縮來控制自己，也許握拳繃緊身體、也許咬牙止住淚水和言詞（小男孩與父母來回爭辯的過程，就是循環圈在此階段所稱的「衝突」）。這會讓身體形成一種自動化的抑制反應，未來遇到類似的情況時，就會不自主地以某種身體動作來否認內在的情緒和需求，特別是基本的害怕VS.生氣情緒。

此外，不得已回到自己房間的小男孩，可能會如父母般嚴厲地責罵自己膽小，氣自己害怕和求人保護的行為。後者這個變成氣自己的狀況若不斷發生，長大後出現和自己相關的需求和情緒時，就會習慣性地先反身責怪自己：覺得自己很沒用，怎麼會害怕？會擔憂？怎麼可以想要麻煩或依賴他人？

這必然影響自我價值感的建立。對自己不滿、生氣，又如何能有正向自我概念？而一個人慣性的自責與過度的罪惡感，也都與使用「迴射」逃避策略有關。甚至有些人的自我傷害也是一種迴射的作用。

處理「迴射」逃避策略最直接的是，找到安全且適宜的表達方式，讓過往不能直接表達的情緒與需求，有機會再度「發洩」出去。所謂的「發洩」，並非需要眞實地面對我們的重要照顧者。而是可以運用自行書寫、完形諮商的空椅法③來進行。重點在於：不能常以自責來面對事情，要知道自我攻擊不是人的本性，沒有任何一個小孩天生會自我譴責。

而自我反省和自我責備完全不同。合宜的自我反省，多針對自己所做的事情進行理性評估、自我嘉勉；沒做好的事情，則積極想法子調整或彌補。對於身體的迴射反應，則可透過覺察和放鬆來調整。但須注意放鬆後，原先壓抑的情緒或未獲得滿足的需求反而會跑出來，要有接納它們的心理準備。

所有的逃避策略都是過往成長經驗中，需求滿足和情緒表達受挫，進而運用來保護自己的方式。只是這些逃避策略已經自動化或進入潛意識中的話，意識層面根本無法覺察到自己正在使用它們。

以各種方式「逃避」內在升起的情緒和需求，會容易產生發展與心理上的困難。因此，覺察是否過度使用各式逃避策略是第一步。接下來，則要進一步覺察自己較常使用何種策略，然後依照不同逃避策略的運作方式，學習透過適當的方法，試著認回原先不自覺逃開的需要和情緒。當然，最後就是好好面對與處理這些情緒與需求。

① 有關基本情緒的部分，請看本書第四章相關文章說明。

② 有關情緒記憶的討論，詳見本書第八章第二篇〈遺忘與記憶〉。

③ 詳見本書第二章第一篇〈放棄改變的企圖，改變才可能發生〉；而生氣情緒發洩的方式與注意事項，請看本書第四章第五篇〈善用憤怒正能量而不傷身〉。

5

畫一條界限與你「接觸」

在那間瀰漫著溫暖鵝黃燈光的小小諮商室裡，她就坐在我的對面，距離不到一公尺。她長得很美，衣著打扮相當典雅得體。她來，是想討論這幾年遭遇的情感失落經驗。她似乎是看著我在輕聲述說，可是我感覺那眼神並沒有和我眞正交會。她就在那兒，近在咫尺，但我卻「接觸」不到她。

在進行工作坊時，我喜歡帶這個暖身活動：團體成員兩兩一組，雙手手掌相對保持兩、三公分的距離，不能觸碰，但也不能分離。接下來以靜語的狀態，用眼神和手相互帶領著一起舞動。每位成員都可以清晰感受到兩雙手掌間「接觸」的溫度與氣的流動。

完形諮商中有個非常重要的核心概念——「接觸」與「接觸界限」。

「接觸」說的是抽象心靈層面的接觸。那位女性當事人雖與我四目交會，但我們並沒有眞的「接觸」；而那沒有觸碰到的雙手手掌，卻因爲用心而有著緊密的「接觸」。只有眞實的「接觸」，一切互動和交流才可能發生。

延伸來看，一個人要眞正深入覺察與瞭解自己，必須能夠與自己的內在「接觸」：要面對困頓的生命議題、要處理自己紛亂的情緒，也需要願意去「接觸」那問題及情緒。

例如，一位猶豫不決、無法做出決定的人，若期待改善這樣的狀態，得先要能和這「遲疑感」接觸，眞切地體驗這感覺，才有機會發現背後作用的信念或情緒。若他理解到自己內心充滿了害怕：怕做出錯誤決定，承擔不起那後果；也怕由自己做出選擇，就必須對其負責任，沒有了推託給別人的藉口。面對／接觸這害怕，才能處理這個阻礙決定的情緒。若他浮現的是求完美的信念，迫使自己一定要找不出瑕疵才下得了決定，這時要鬆動的則是這個過高的自我要求與期許。

眼光都向外看著身邊的人，總是忽略自己需要和感受的女子，也得先接觸這樣狀態下的自己：觀看自己到底怎麼了、傾聽自己內在的聲音，體會是否誤認自己的重要性不如別人，不能肯定自己存在的價值；還是相信了父母的訓誡，認爲好女孩不可以注意自己需要什麼、關心自己是一種自私的行爲？

不透過「接觸」以看清影響的力量爲何，改變自然不可能發生。

而當人們想要清楚瞭解外在環境的資源和限制，更要直接和外界有所「接觸」。一般而言，視覺和聽覺（也就是「看見」與「聽到」），常是我們和外界接觸最直接且重要的管道。舉例來說，當我們要找工作，會上徵才的相關網站查看、尋找徵人啓事或廣告、昭告朋友師長以得到更多訊息。找到較爲適合且正在徵人的公司，我們也會去查訪、問問學長姊、請教這行業相關前輩的意見等。

因此，這視覺和聽覺的接觸管道必須保持某種程度的清明，不能受限於自己過往的經驗而扭曲地理解。

當人們不願面對／接觸生活中出現的挑戰和外界的評比，總是逃避現實，那麼遭受挫敗或無法因應，就是不可避免的結果。

同時，好好地與人「接觸」，雖是一種眞正的碰見與交會，但更需要兩人在接觸之後又能分開，回到原來各自獨立的本然狀態。

因此，不論兩樣東西、兩個人，或人與環境要能「接觸」，都必須各有各的清晰邊界，也就是其本身是完整而有明顯範圍的。兩團模糊不清的雲霧很難確定它們眞切接觸了沒，沒有邊界的雲霧相接觸時，很容易混在一起，無法再回到原本的樣貌。因此，討論良好接觸時，必須更注意所謂的「接觸界限」。

獨立自主又能相互接觸

人與人的「接觸界限」就稱爲「自我界限」，是建立起自己這個人的領域界限，能用以和外界他人有好的接觸，又能保有清楚的自我與人我之別。換句話說，健康有彈性的自我界限是良好「接觸」的先決條件。

自我界限代表我這個人具體與抽象的範圍，既能保護我們，也同時定義自我。其中包括**身體界限**，如陌生人靠近你時，感覺到受侵略與壓迫感，那表示對方已經跨過你的自我身體空間領域；包括**情緒界限**，如他人對你發脾氣，雖知道可能做了什麼激怒他，但情緒界限能幫助自己分辨那是對方的情緒，不必全然接收或太快與之共舞；

包括**心理界限**，則是有關主權與責任等心理議題的人我區辨。

當然，情緒界限與心理界限的邊界和範圍是相當抽象的。自我界限的形成，從嬰孩成長的起端就已逐步展開。重點在清楚瞭解自己，以及區辨人我的不同。

小嬰兒探索世界的第一個方法是，把各種東西放進自己嘴裡咬一咬。他會發現有些物品咬起來只有自己嘴裡有感覺，可另一些東西本身被咬時也會微微疼痛。進而開始區辨出什麼東西是屬於自己的，什麼是外在的。這是初步的身體界限感。

慢慢地，「我是誰」的感覺發展。我擁有什麼、什麼是屬於別人的認知，也逐漸產生。孩子開始會常說「這是我的，那是你的！」「我會唱歌，我會數數。」「我不要吃這個；我不要給妹妹玩車車！」「我是男生／女生，不是女生／男生。」等等。我們越認識自己的特性，越能分辨人我的不同，也就越知道各種東西歸屬誰，自我界限因此越劃越清楚。

自我界限要劃得好，最重要的是孩子要多多親身試探與嘗試。這個過程中，若父母親或重要照顧者權威式地控制孩子，替孩子做各種決定和判斷；過度保護孩子；餵孩子吃飯、穿衣和梳洗；接送孩子去原可自行前往的地方；替他整理書包、玩具、房間及攜帶的用品；爲他處理和同伴的衝突及解決所有問題。那麼，孩子不僅建立不了自我，更無法劃出清晰的自我界限。

沒有清晰自我界限的人，連接觸他人及自己內在都會有困難。和他人的關係，不是糾結不清、深受他人干擾，就是怕失去自己而與人疏離；自己的內在也會相當混亂，無法形成好的「內在心理界限①」；也不能分辨情緒只是情緒，不是自己的全部，因而被情緒籠罩或淹沒；或遇到單一的挫折事件，就容易擴大至認爲自己全盤皆輸而否定自己。

完形諮商理論所談的逃避策略，其中的「混淆」，就是指個人內在經驗與外在現實環境（包括他人）之間，沒有好的區分與界限，因而不能清楚地覺察情緒或需求到底是自己的或是他人的。也就是在人我關係裡，過度結合／混淆兩人彼此的信念、態度和感受，無法認知到雙方的界限和兩人的不同。

不過，自我界限可不是一堵堅固的城牆，將他人和外在一切都擋在自身之外。這該是彈性極佳的分界邊際。想要與外界接觸時，不但可開放以接收新的訊息和經驗，更柔軟到可融入對方或與對方交流。離開時，更能自然地拉起界限，保有個體的完整性。

這就像國與國之間有清楚的國界，但只要辦理簽證等程序，還是可以越過國界到達另一個國家。當兩國關係良好，可訂定相互免簽證的權益，過海關檢驗即可入境。甚至如歐盟國之間，雖也有國界，但可自由進出交流，幾乎沒有管制。

完形治療的創始人波爾斯寫下這樣的祈禱語，充分展現每個人既是獨立自主，又能與人接觸交會的美好境界：

完形祈禱語

我做我的事；
你做你的事
我不是為了實現你的期待而生活於這個世界
你不是為了實現我的期待而生活於這個世界

你是你；
我是我
偶爾你我若相遇那是件美好的事
若無法相遇，也是件無可奈何的事②

---

①有關「內在心理界限」，請看本書第二章第三篇〈從「形」與「景」的概念談專心〉。

②引自Nojia. R,（一九九二）。《小丑的創造藝術》。臺北市：生命潛能。頁二〇五—二〇六。

第二部分

實踐完形，
不同的人生體會

第四章

好好面對情緒

1 激勵人心的話，卻充滿對情緒的迷思

情緒，通常是「原始腦」（或說情緒腦）受內、外在刺激「自動」激起的。這裡所謂的「自動」，是因爲我們基本上在意志和意識層面不太能主動控制情緒的升起與主觀的感受。而感受之後又該如何「表達」，則必須透過學習，才能懂得選擇較爲適宜的情緒表達方式。

情緒腦是獨立作業的，它和我們的「思維認知腦」雖保有溝通管道，但這聯繫的路徑平均要到二十歲左右才會比較通暢。而且情緒腦運作較快速、較強大，一旦啓動後，認知腦要管控這高速衝出來的力道是挺有難度的。

而情緒最大的功能，是要告訴我們內在身體或外在環境所發生的事情對自己有所影響。不愉快的情緒更代表這件事情可能有害於我們，是危險、有威脅性的，需要避

免、逃走或去應戰、去奮鬥以保護自己；愉悅的情緒則表示，這事情是我們喜歡的、適合我們的，甚至可以滋養我們的，有機會要促使它再度發生。若我們刻意不理會情緒的訊息，它就會更用力發聲來呼叫。也就是說，此時情緒會變得更強，進一步形成惡性循環。

因此，嚴格來說，感受到不愉快的情緒雖讓我們很不舒服，但其實眞正讓我們痛苦難受的，是那些威脅或傷害我們的外在他人和事情。而要讓情緒消退，其實是要去因應那些人或處理那些事情才是。

所以，健康地看待情緒，就是要覺察它的出現，接納它、理解它，並讓它有適當的出口。而且，健康地面對情緒，也能讓我們清楚知道自己眞正的需求、喜好和價值觀。這是瞭解自己、做眞正的自己之核心基礎，而積極處理情緒，通常可以將其轉化成動機、力量，帶領我們保護好自己不受傷害，進而實現理想、完成夢想。

情緒來了，就積極面對！

情緒之所以會對內傷身，通常是因爲我們逃開它、壓抑它，導致它無法慢慢消退、平靜下來；而情緒會對外傷情、傷人，則多是我們表達的方式有誤。這背後的原因除了個體本身的衝動性，多數還是出於我們錯誤解讀了自己的情緒，或是扭曲了引發情緒的刺激事件或人。

人們常說：「沒有過不去的事，只有過不去的心情。」

這似乎是句激勵我們、爲自己心情和情緒負責的好話，卻有點誤解了情緒呢！前面已提到，情緒既然一定是因「事情」（心理學上所說的「刺激」）出現才引發的，只要事情眞的過去了，情緒通常就會消退的。過不去的心情（情緒），其實是因爲那事情沒有眞的從心裡放下。

很多引發情緒的事情，也許解決得了，但是過程太艱辛甚至煎熬，以致事情解決了、過去了，那痛苦過程仍迴盪內心，情緒因此還留存著離不開；或是做了決定，但只能兩害取其輕，選擇中還是有不想要的部分，因而引發無奈的情緒蟄伏；或捨不得放下那沒選的「選項」，心有罣礙，情緒當然也就繼續在心中起伏；或遇到的「事情」需要一段時間才能完成，造成時時會有尚未完成的壓力，因此耗能太多，由壓力引發的情緒自然一直都在……還有些是我們做完了、解決了，在檢討利弊得失時覺得不夠圓滿，心情自然也就跟著過不去……

不論如何，情緒一定是因事情才引發的。一旦事情真的結束了，情緒就一定會消退。所以應該這樣說：「沒有過不去的情緒，只有過不去的事情。」

不要輕忽情緒帶來的訊息！它只是要提醒我們：這件事無法輕鬆因應、我們壓力太大需要調整。要是情緒沒過去，就表示事情還未眞的過去喔！

除非，過往累積未處理的「未竟事宜」來攪局。這時的情緒是之前一直沒有好好處理創傷事件留下的，而在這次相關事情中一起跑出來！以致這次事情解決了、過去了，情緒還過不去。這則是過往創傷事件引發的情緒，不是現在造成的……

所以，如何讓事情過去變成最重要的功課。

好好面對、學習各種解決策略，事情就能順利過去了。我們個人無法解決的事情，就要懂得求救、請人協助，或認清這是解決不了的、改變不了的，學著接受和放下，也接納難免繼續存在的情緒起伏……明白自己有情緒，但也知道是怎麼一回事，更要對自己寬容！

另一句勵志語則是說：「苦而不言，喜而不語，一種是智慧，一種是豁達。」我認爲，這句話所蘊含的觀點似是而非，也是對「情緒」的一種迷思！

我們自然不該陷在情緒中，也不必總是把情緒寫在臉上或隨意抱怨、哭訴。但是當情緒升起時，向適宜的人「表達」，其實是調適情緒最重要的好方法！「苦而不言，喜而不語」可是會悶出病來的！

而且，你能想像自己的好朋友或親人有心事、有痛苦，卻都不願告訴你；遇上開心、歡喜的事，也不表現和分享出來？對方不生病，你也會抓狂的。更不要說，情緒可是情感的基礎，沒有情緒是不可能產生情感的。

眞正的智慧是懂得分辨。以平靜的心，接受不能改變的事情；以最大的勇氣，努力去爭取、改變能改變的事情。

因此，情緒起動來提醒我們發生事情了，若發現很難處理，要不只能選擇放下，要不就勇敢面對襲來的挑戰。

而眞正的豁達，是遇到外在各種事件時，內心眞正能不爲所動。心不動，情緒自然不會輕易隨之起舞！同時，適當、適時地分享喜悅，能夠帶給身邊人更多歡喜與美好，何樂而不爲呢！

這一切仍要回歸到接納、理解和面對情緒呀！

2

展現真實情緒其實沒那麼難——從電影《意外》談次級情緒

《意外》這部電影的主軸是：女主角蜜芮德的女兒遭強暴凌虐致死，經過半年多仍未破案。蜜芮德憤怒地做出許多強烈抗爭與報復的行動。包括在她所居住的密蘇里艾比鎮外公路旁，租下三塊廣告看板，控訴警長威洛比未盡全力將兇手繩之於法。

蜜芮德這樣奮不顧身地逼迫警方破案、找出兇手的行徑，看似被憤怒情緒籠罩，但我似乎能體會到她那張牙舞爪的背後，是沉重的悔恨、悲傷與失落。

記得我年輕時，遇過一位小學五年級的男孩。他在父親車禍身亡的前一、兩個月，被父親冤枉偷錢而遭毒打。孩子憤怒卻無法反抗嚴厲暴躁的父親，只能在心底期盼父親消失不見。因此，父親意外過世時，他難以承受喪父的悲痛，因那失落裡混雜了太多難以言說的強烈情緒——內在情緒龐大糾結又無法梳理時，表現於外的行為會自然失控且非常理可論斷。

女主角蜜芮德在女兒出事前，也經歷了類似的情況。出事當天，母女兩人為借車一事爭吵。蜜芮德不滿女兒口氣不佳又抱怨她被前夫家暴是自找的，使得蜜芮德暴躁發火，破口大罵女兒且更不肯借車。女兒負氣衝出家門並說：「那我乾脆走路去，最好路上遇到強暴犯！」母親蜜芮德也失去理智衝動回應：「我也希望妳被強暴！」……沒想到竟一語成讖!!

對一位母親而言，女兒遭受殘忍對待而失去生命已經夠痛了，沒想到竟然好像是自己詛咒這可怕事情發生似的，會讓這母親有多懊悔、自責和痛恨自己！這情緒太難去如實面對了！

次級情緒VS.原級情緒

人們因某些因素，不能如實表現內在的主軸情緒時，會改以另一種情緒形式展現於外。這通常在當事者的潛意識層面運作，並成爲一種固定的反應模式，其意識面無法清楚覺察。此顯現於外的情緒我們稱爲「次級情緒」（secondary emotions）。次級情緒不一定是「扭曲」的，它雖然也很眞實，其機制卻很複雜，更和個性、能力、社會文化規範、自小學到的情緒處理方式有關。

一般來說，青少年和男性較不願接納自己內心深處的恐懼、自卑、羞愧、懊悔、悲傷與脆弱等情緒，因此非常容易將這些眞實的「原級情緒①」，快速轉化成表現於外的憤怒情緒與攻擊行爲。

每種情緒都各自有其功能，提醒著我們要如何適當因應那些引發情緒的事件。如恐懼，是人們感到外在的威脅刺激很恐怖，自己難以應付而需要更多外在力量來協助。像是看到孩子怕到發抖或縮在角落（害怕情緒的表徵），我們很容易想去瞭解和協助。而憤怒的展現則是用來打跑那些危險的外在刺激，如母狗覺得有人靠近要傷害牠的小孩，必然會齜牙咧嘴露出凶狠樣並狂吠，多數人就會趕忙走開。

因此，若否認了內在原級的恐懼情緒，呈現出次級的憤怒情緒，那本該是表達需要他人幫忙的訊息，卻變成像是要趕走他人的樣貌，而原級情緒因未達到它的功能，便自然難以消退，甚至有更多後續的情緒一一浮上來——如他人都不瞭解自己而覺得沮喪、如自責懊悔而覺得沉重等。內在的恐懼難消化，外顯的憤怒因功能混亂，更是無法退去和「掌控」局勢。

我想，主角蜜芮德和女兒吵架時，也沒弄清楚自己眞正的情緒。那可能是因女兒口氣不好的受傷難過，也或許是女兒提到家暴前夫而浮出的害怕與脆弱。她不想碰這些原級情緒，於是就迅速表達出次級情緒的憤怒口出惡言。

較小的孩童也可能會有這樣的狀況，但多是因爲情緒尙未分化完成。從出生到兩歲半的幼兒，內心感受就如成人般多元——擁有悲傷、嫉妒、害怕、生氣等等不愉快的情緒，但是他們還沒學習以語言描述內心眞正的感受，更無法精準地表現內在複雜的情緒，很容易就以人類本能的生氣情緒反應。

當然，情緒分化發展的程度不一。有些幼童也能如其心中的感受，表現出相對應的行爲。通常，成長環境越惡劣，受過各種創傷經歷的孩子，情緒成熟就越慢……

情緒越是複雜，越需要用心解讀

不過，人類情緒的複雜度極高，很少只有單一情緒，生氣或害怕中也會摻雜很多其他情緒。以主角蜜芮德和女兒吵架爲例，蜜芮德可能也確實有點生氣，氣女兒不尊重母親。只是讀者可以細細體會，當她氣女兒不尊重自己時，通常還是內在核心的自卑和脆弱被「觸碰」到。嚴格看來，這個生氣的情緒挺複雜的。在親子、夫妻間的衝突中，這種經驗太常見了，如原本擔心孩子或伴侶晚歸的焦慮母親或妻子，當下只祈求他們安全歸來，但他們如願平安返家，總莫名地立即由擔憂轉爲憤怒表達出來……

主角蜜芮德在電影中，以強大的憤怒情緒行爲逼迫警察，雖有點過頭，但也算是一種讓大家重視這起慘案的激烈方式。只是，情況剛好超出蜜芮德單純的預期。她申訴和對抗的主要人物——威洛比警長，不但很受鎮民和員警們愛戴，本身又已罹患胰臟癌末期。當警長因走入癌症末期卻怕拖累家人而飲彈自盡時，整個小鎮的民眾都誤以爲他是受不了蜜芮德逼迫破案的壓力而死。

對觀眾，至少對我而言，當下的內心實在很是糾結。我發現即使自己早已理解眞實人世無法簡單區辨黑白、對錯，內心深處卻還是希望能夠清晰地分辨出好人、壞人，或至少做錯事與被傷害的人。我覺得這部片的編劇特別彰顯這個現實——劇中每個角色都不完美，會衝動誤事、挾怨報復、偏見歧視，但也都有柔軟善良的一面。

此片中還有另一個鮮明的矛盾人物——衝動暴力的失職警察狄克森。他一開始的失序行為實在讓人傻眼。後來警長自殺時，特別留給狄克森一封遺書，其中肯定和期許的文字深深感動了狄克森，因此讓他決定要好好當位盡責的警察並完成警長遺願——一定要將殺死蜜芮德女兒的兇手逮捕歸案。

很不巧的，這時蜜芮德發現控訴的海報看板遭人燒毀，認定是鎮內警察所為，憤而趁著黑夜（她不想傷人）丟擲汽油彈縱火洩憤。而狄克森當時正在警局讀警長的遺書，不幸遭火焚身，傷得不輕。

狄克森在醫院治療燒傷時，之前被他毆打成重傷的廣告商店長正好與他住在同間病房。對方最初因狄克森紗布纏身沒認出他來，很熱心地買了柳橙汁給他喝。但後來發現對方是狄克森後，雖情緒激動難抑，仍送上想要分享的柳橙汁和吸管，並表達關懷與同情。狄克森相當懊悔，更堅定自己要有所改變，於是，開始有了不一樣的選擇。

電影《意外》裡還討論了種族、性別、侏儒等偏見和歧視的議題，也帶出警察失職傷人、宗教包庇性侵等失去正義的情節，以及面對生死議題的抉擇等等，更有許多人與人之間柔軟善良與關愛支持的小小動人橋段。

不過，這篇文章的重點還是想放在情緒的主題上。若片中的各個角色都能讀懂自己內在深層的「原級情緒」爲何，不被自己及周遭表現於外的「次級情緒」所蒙蔽而誤認只有這個情緒的話，當然就能夠處理過去難以碰觸而接觸不了的原級情緒。

不過，次級情緒和原級情緒是相互牽動交錯的。動不了原級，也難撼動次級。於是，「次級情緒」與被壓抑的「原級情緒」就都無法與平時的情緒一樣慢慢退去或得以紓解、消化。如此一來，不能抒發的兩種情緒更會「越演越烈」。

而強烈情緒通常附帶著高度的動機性，激發人們做出難以收拾的衝動行徑。當情緒過多、過強，也會讓我們的理智功能喪失，自然容易選擇做出傷人害己的行爲。

---

① 「原級情緒」(primary emotions) 指情緒反應與引發的外在刺激相符合。如走在座落於極高聳的峽谷間且搖晃不已的吊橋，我們會感到害怕。

3 害怕VS.生氣

——從《琅琊榜》談基本情緒轉換

情緒的原始功能是在保命，並以害怕VS.生氣這相對的基本情緒爲主。

當有外在威脅或傷害我們生存的人、事、物出現時，就會升起這兩種情緒之一，讓我們足以有較多的能量保護自己（所謂的情緒升起，是指原始情緒中樞啓動了交感神經系統，大家最熟悉的就是腎上腺素分泌等等）。

危險越大、越緊急，原始情緒中樞就越快產生反應，甚至完全不需要大腦皮質的思考來決定如何因應。因此，生物界許多物種缺少大腦皮質，一樣能由情緒腦「判斷」外在刺激危不危險和危險有多大，且很多是本能性的。人類因爲有很大片的大腦皮質，在「判斷」上也就複雜許多。

當感覺外來的刺激威脅太大，認爲自己應付不了時，多會心生恐懼而逃跑；若覺得自己可以退敵，憤怒則升起，進一步打或攻擊——形成逃VS.打的情緒行爲反應。當然，連動物都不這麼單純地二分。例如，時空不允許逃跑，只得反身做防禦性攻擊；或者有時爲保護親人、家園，甚至國家，不願意輕言放棄投降。再怕、再明白打不過，一定會輸，仍要堅持奮戰下去。這時的害怕情緒大部分會轉換爲生氣。反之亦然。（害怕VS.生氣所引發的生理機制略有不同。如血液流向：害怕時血液集中於雙腿，有利逃跑；生氣時血液則會到雙臂，進入打擊位置。）

難處理的害怕催生悲劇

《琅琊榜》是部古裝歷史電視劇，故事的歷史背景以中國南北朝爲底，虛擬了「大梁」這個國家。全劇主軸在一樁宮廷鬥爭冤案後，重傷的倖存者林殊因療傷過程造成容貌體質大變，並在江湖勢力江左盟的協助下返回京城，以其智慧，有計畫地爲十三年前冤案翻案時，那段既驚險又精采的過程。

話說十三年前，在位的昭平皇帝蕭選年輕時，是在好友林燮和言闕的協助下政變成功才得即皇位的。因此，步入中年的他變得多疑，開始擔心掌理兵權、統領國家主力部隊赤焰軍的大將軍林燮。尤其林燮的妹妹又嫁給皇上，並生下皇太子祁王蕭景禹。當時已被立爲太子的他氣度恢宏又勤儉愛民，廣受臣民擁戴。皇上難免憂慮祁王與其舅父林燮合謀，威脅其皇權與帝位。

這時，在皇上身邊掌權的大臣懸鏡司首尊夏江與寧國侯謝玉，也一直害怕和他們政治立場不同的祁王將來登基，會損害自己的利益。同時，他們亦洞悉皇上已經起了疑慮，故開始設局陷害祁王及林燮。不僅假造血書，更密報錯誤軍情，直指在邊境禦敵的赤焰軍準備投敵叛變，主謀則是皇太子祁王。

皇上大怒，派謝玉領軍平定叛國的赤焰軍，並賜死太子。謝玉趁著赤焰軍和敵軍大戰三天，兵疲馬倦之際攻入赤焰軍陣營，領軍的大將軍林燮又誤以爲謝玉帶領的是援軍，使全軍慘遭殲滅，只有林燮之子林殊和極少數的人倖存。而皇太子祁王飲下皇上賜的毒酒身亡後，他的母親宸妃、林燮妻子（也是皇上的妹妹），也都雙雙自盡離世。

劇中，懸鏡司的統領夏江萌生陷害皇長太子祁王景禹的主要導火線，是祁王極力主張廢除懸鏡司這個單位，且已多次向皇上建言。這讓夏江擔心自己遭撤換，野心將無法實現。爲了不要讓自己害怕的事情眞的發生，於是有了先下手爲強的念頭。這原本偏向害怕的恐懼擔憂情緒，因此轉換爲生氣。

皇帝蕭選也是。他對兒子景禹太受群臣愛戴，且和赤焰軍統帥好友林燮相當親近，自然逐漸心生猜忌。因爲對皇上來說，林燮更是「可怕」！不但主掌軍功赫赫的赤焰軍，妻子又是自己的親妹妹，更不用說林燮還在江湖上交友廣闊，頗受敬重，勢力不可小覷。某一大臣就曾說：「對皇上而言，林帥是否眞要叛逆不重要。重要的是，若他想反，他就有能力反。」皇上豈能不忌憚？他對自己的皇位受到威脅，自是心生恐懼。

兩個心生疑懼的人一拍即合，便使奸計得逞，造成七萬赤焰軍全軍覆沒，大將軍林燮戰死，而皇上的親妹妹、愛妃和皇太子也都被賜死或自盡。

「害怕／恐懼」眞是個很難處理的情緒。

多數情緒都可以靠時間淡化，或藉由轉移注意力來減輕，唯獨恐懼很難。尤其當這恐懼的源頭來自我們的預期與想像時，只要心中認定那威脅一直存在，恐懼就不可能停下來，甚至會因時間越久而越來越大。除非能確認那「人、事、物」不可怕，不然就只有在威脅物消失不見後，才能不怕。

某個實境節目裡，小女孩非常害怕掃地機器，覺得這個會自行移動的機器，是個會吃掉她的怪獸。母親後來將女孩最愛吃的零食放在掃地機器上面，小女孩因太想吃那零食，母親又在一旁鼓勵，她才鼓起勇氣去拿。接觸後，發現機器並不會傷害她，這才讓她克服了這股害怕，使恐懼消逝。

沒辦法測試或確定那傷害不會發生，恐懼就會如心魔般不斷折磨著你。停下這樣終日惶惶不安的唯一解方，似乎就是想辦法去消滅這個威脅物，特別是在還掌有去除威脅物的權力和能力的狀況下，更是如此。

消滅威脅物的行動只要開始了，即使過程中發現這人或事並非眞的具有威脅性，但頭已經洗了一半，勢必要繼續完成，不然對已經做了的「奸計」，如何自圓其說呢？

歷史上，這樣的悲劇故事太多了。

因此，心中若升起了恐懼，要試著站到較爲旁觀的位置，以較客觀和理性的角度重新審視。即使眞的有威脅，也要找出較爲合宜的因應方式；即使該「逃」（避開），也還是以逃開眞實的恐懼爲宜。相對地，在職場上、生活中也需要注意自己是否可能威脅到他人，因爲那很容易使他人因忌憚，而發動暗箭攻擊。

然而，當我們太容易反過來——總是在生氣情緒升起時，經過大腦皮質的判斷後，主觀認爲無力抵抗，就很快地轉換爲害怕——那也是不恰當的。我們需要思考是否常常過度低估自己禦敵的能力，或高估威脅的力量。還沒試試，就轉身逃跑，將會錯過很多屬於自己的機會，或喪失保護自己的能量。

4 嫉妒是種什麼樣的情緒？

嫉妒情緒（envy／jealousy）其實不必特別分析研究的，因爲每個人都非常熟悉它。它是我們自一歲半左右就感受到的情緒。而近年很紅的宮廷劇，如《甄嬛傳》《如懿傳》《延禧攻略》等，劇情幾乎都是以嫉妒爲主軸產生的鬥爭；而歷史劇如《三國》《軍師聯盟》或類歷史劇《琅琊榜》等，也隨處可見嫉妒情緒促成的各種情節。但嫉妒的確也是需要好好探究的一種情緒。

不知從何時起，嫉妒情緒就被視爲可怕的、「邪惡」的一種情緒（可能因爲妒火中燒時，容易讓人做出恐怖的傷人行爲）。因此，人們常過度否認和壓抑心中的嫉妒情緒。而只要沒好好聽懂情緒，它就會更努力發聲。控制不了又不承認自己有嫉妒的感覺，自然只能胡亂判斷和扭曲感受，以致做出非常不恰當的決定和行爲反應。

嚴格來說，嫉妒算是一種組合情緒。也就是當一個人產生嫉妒情緒的同時，其中也會有生氣、害怕、不平、自卑、猜疑等其他情緒伴隨出現。

情緒心理學爲了研究上的必要，將嫉妒情緒分爲兩大類：

一、**社會比較嫉妒，或簡稱妒忌**（envy）

「社會比較嫉妒」是指一個人對他人能擁有某些東西、特質和能力，而自己沒有或比較少時，對他人產生不平、自卑、渴望、敵意、不滿和生氣等組合情緒。大家最耳熟能詳的例子，就是《三國演義》裡周瑜和諸葛亮的瑜亮情節。

二、**社會關係嫉妒**（jealousy）

「社會關係嫉妒」是指個體與他人的關係，因第三者出現而感受到失去的威脅或已失去關係時所產生的情緒。後宮中的嫉妒就多是關係嫉妒。手足之間的嫉妒也以社會關係嫉妒爲主，因其核心是與手足競爭父母的愛及親密感。

不過，在社會關係嫉妒中，經常也同時含有社會比較嫉妒。這是與競爭關係的

「第三者」比較下產生的情緒。如擔憂父母的愛被手足搶走，自然會比較父母所重視的表現，像是誰功課好、誰比較聽話等。在愛情關係中，也會和第三者比較外表、才華、家世背景等各種條件。

在社會比較嫉妒中，最傷我們的是被比下去而造成自我評價／自尊受損的狀況。「自我評價維護理論」討論的就是人們透過「與他人比較」如何貶低「自尊」，進而產生社會比較嫉妒；或是能否在比較下，也能提升「自尊」等議題。

此理論發現，在與他人比較時會產生兩種不同的過程——反映過程與比較過程。後者和社會比較嫉妒產生的狀況相同。就是在比較自己與他人的成就時，自己落敗而造成自我評價（自尊）受損。

而反映過程則剛好相反。當他人的成就比我高，不但不會使我自尊受損，反而讓我升起與有榮焉之感，增加自我價值。例如，我運動神經一向很差，卻有好幾位好友是運動高手。每每他們在運動上獲得佳績，都讓我覺得超光榮的。他們在運動領域上的成就高過我很多，但我不但不妒忌他們，更因爲有這樣的朋友而驕傲。

何以同樣是自己比不過他人的狀況，會產生如此完全相反的兩種感受呢？

三關鍵，影響妒忌情緒

「自我評價維護理論」認為，影響「妒忌」通常有三個因素，其中有個因素是關鍵，此因素不同，就會分別產生相異的兩種自我評價過程。

所以，先來談這個因素：**他人成就與「自我確認領域」的關連性**。

「自我確認領域」指的是什麼呢？就是他人贏過我的特質或能力等，是我最為重視的、最引以為傲的部分、較獨特的專長、代表和彰顯我這個人的特性，或是自小就是父母（重要他人）對我所特別期待和要求的。

當他人贏過我的特質或能力與「自我確認領域」關聯性高，就易產生讓自尊受損的「比較過程」。例如，以鋼琴獨奏為專長的人，在音樂這個領域，因為和同樣專攻琴藝的人比輸了，自然容易產生自我評價降低及妒忌的情緒。換句話說，當兩人的專長或自我認定領域是相似的，自己又在相較之下落敗後，成為表現較差的一方，即會有「比較過程」的結果，因而感到強烈的「妒忌」，覺得自己存在的價值被貶抑。

反之，若拿鋼琴獨奏為專長的人與繪畫能力優異的人相比，對他們來說則完全無意義，自然不太可能影響到自我評價而產生妒忌。

另外兩個因素之一是：**與他人心理的接近（親疏性）**

當兩個人的關係越親近，越容易因為「比較」而影響自我評價。像我若與名模林志玲比起來，臉蛋和身材雖然差很多，但我不太在意這種「比較」上的落敗；可是若有人拿我和妹妹的外表、身材做比較，而我也確實落敗不少，當然就會引發不舒服的感覺，甚至傷到我的自尊。

即使是上述的「反映過程」——因對方的優秀而與有榮焉——只要兩人關係疏遠、不親近也不易發生。我不認識或不熟悉的人，不論在哪方面有了很好的表現，都不太能激起我出現驕傲的感覺。除非，對方的優異表現是代表我們所屬的團體與其他外團體比較，如國家代表隊贏得世界競賽優異的成績，這時候以團體歸屬而言，我們和國家代表隊在心理上是親近的，才會感受到與有榮焉。

因此，兩人關係太遠，即使比較了，也通常不容易影響到我們的自我評價。

而當「親疏性」和「自我確認領域」關聯性的兩個因素都很高，像是手足（血緣注定親近）都是電腦高手，便很容易在成就有所差異時，較差者會產生「比較過程」。

「親疏性」高，但「自我確認領域」關聯性低，就如前述，我的好友（兩人關係很親近）在體育方面有優異的表現，但體育本就不是我的「自我確認領域」，則會產生「反映過程」，讓我感覺到驕傲——別看我體育差，我可是有拿田徑金牌的好友呢！——而提高自我評價。

另外兩個因素之二是「**他人成就的品質**」，指他人某方面的成就是否贏過我、超越我。當我們的關係很親近，再加上贏過我的項目和我的「自我確認領域」關聯性高，當然會造成自我評價降低的現象，並有高妒忌情緒升起。

通常，當社會比較嫉妒產生，爲了不讓自我評價被拉低太多，我們需要有些因應策略，以減少這種不舒服的感受和狀態。比較間接的方式，可以選擇遠離這個人或轉換不同領域專長來因應。不過，手足間較難以這樣處理。離家走遠了，你們還是親兄弟／姊妹，可能要走不同的專業領域才行。如哥哥功課好，往科學研究領域去，弟弟則專攻音樂創作。

直接的因應方式，最主要就是減少成就上的差異。積極正向一點的，是努力提升自己的成就表現；較爲不恰當的，則是用各種手段拉低他人的表現——抹黑中傷、離間打壓，甚至故意傷害對方。譬如有部電影中，有個芭蕾舞團舉辦主角的選拔。競爭者在賽前刻意安置碎玻璃，讓最有希望贏得角色的舞者踩到，造成腳部受傷而無法參賽。

手足嫉妒最難解

想特別再談談有關手足間的嫉妒／妒忌情緒。

我自己的博士論文研究主題即爲嫉妒情緒。原本的研究計畫中沒有特別放進手足嫉妒／妒忌，但在訪談過二十幾位受訪者後，我很訝異這幾乎是每位受訪者都有過的經驗……

這才發現，我們的父母和老師太喜歡用他人較好的表現來「激勵」孩子，特別是手足間，那造成的傷害眞的很可怕呢！

每個人都希望自己表現優異，當他人表現比自己好，自然很容易凸顯出自己有多差……本來個別差異就很大，每個孩子也有每個孩子的特性，讓孩子適性發展、自我肯定和接納已經不容易，若還要讓他感覺到有個「親疏性」高到怎麼也分不開，卻什麼都比自己好或乖的手足，受到最親、最想得到肯定和喜愛的父母「判定」比自己優異……這一切情何以堪！

而且，在比較之下，被評斷爲較乖或較優秀的孩子，對他的發展也常有負向影響。譬如可能過度順服、遵從受肯定的領域和方向，而沒能好好探索和發展自己。因此，在教養中，父母要盡量避免手足之間的比較，更要有智慧地面對孩子們的差異。其實不只是手足，父母拿親朋、鄰居、同學的表現來與自己的子女比較，都是不適宜的。

嫉妒情緒無所不在，每個人都逃不掉。但它沒啥不好，只是提醒你自尊可能受損（被比下去，自尊多少會受到影響，妒忌的產生讓你注意到自己）；或警告你，自己所重視的關係可能有其他人來阻擾。

若能仔細聽聽嫉妒情緒的聲音，感謝它的提醒。它責任盡到了就會慢慢退去。這時，你就可以較不受情緒的影響，讓理智出來評估情勢、想出適當有效的因應策略。

另外，自尊或自我評價，不能只是依據和他人的比較而建立。眞正有自信、自尊心高的人，根本不需要時時和他人比較。即使必須比較，如應徵工作、選拔選手等，也不會因落選而受挫。

我們應該謹記：落敗時雖然仍可能產生嫉妒情緒，可是在安撫情緒後，要檢視自己這次的挫敗、分析自己需要增進什麼或再學習什麼，以提升自己的能力。或理解人外有人，我仍是有我的好，只是在這次的評比中，他人超越了我而已。

不論如何，對於嫉妒情緒，或者所有讓我們不愉快的情緒，最健康的方式就是面對它、接受它、處理它，然後放下它。

5

善用憤怒正能量而不傷身

美國《心理科學》期刊中有一項研究，評量美國和日本參與者的憤怒程度、憤怒表現（如口語或肢體攻擊、摔門等）與心血管功能之間的關係。發現兩國人生氣時，對健康造成的影響可眞是南轅北轍。

對美國人來說，憤怒表現程度越多，越容易是心血管疾病的高風險群；對日本人來說，憤怒表現越高，卻越能降低心血管疾病的風險①。

大家都知道強烈的憤怒會傷身，特別是對心血管的部分。而這份研究結果的有趣差異，讓我想以自己對情緒的理解，嘗試解釋看看。

我們常忽略了一件事：壓下強烈的情緒，看似沒有很大的憤怒表現，其實仍是非常傷身的。（外在事件若足以刺激我們原始腦的情緒中樞，將啓動自主交感神經系統的變化，如血壓升高、呼吸急促、腎上腺素分泌等等。不論你是否有表現或發洩出來，都是一樣的。）

西方人憤怒表現越多，即是表示其憤怒情緒越高；而東方人則善於壓抑情緒，雖能壓下強烈憤怒不表現出來，然而只要內在也同樣憤怒，就會有一樣的憤怒生理狀態，也是情緒越高越傷身。

我們和日本人同屬東方人，確實也常忍下憤怒而自傷，尤以女性更是。我們獨有的「委屈」情緒（英文中找不到貼切對應的情緒詞），我個人認爲就是生氣出不來也無法覺察到時衍生的情緒。

然而，情緒的特性就是只要能覺察、表達和適宜地發洩出來，就有機會慢慢地散去。壓抑會使情緒不易被覺察，而無法或沒機會處理。停滯的時間越長，情緒的生理反應越久，對身體的傷害就越大。

當然，最根本之道是使那些所謂的憤怒情緒「刺激」，無法激起我們情緒中樞作用，也就是不會眞正生起氣來。如被無故瞪一眼、被他人無意碰撞到、別人不小心弄壞了我們的東西……不會生氣，也就不會激起傷身的情緒生理作用。

合宜的好好生氣方式

但懂得怎麼生氣，比不會生氣更爲重要。因爲憤怒情緒能提供很大的「能量」，可以警告我們可能受到的災難而進一步防禦；可以保護我們不受外來的傷害；可以嚇退、打擊想侵犯我們的外侮。所以，生氣、憤怒也是必須存在的。

讓生氣、憤怒發揮正向功能而不傷身、傷人，最核心的要點是：

一、清明覺察生氣的啓動。

二、看清引發憤怒情緒的來源。

三、聽懂憤怒情緒要傳達的訊息。

四、分辨這是當下的情緒刺激所引發，與其他時空的憤怒不一樣。

第四點最是重要卻也最難做到。意思是，現在的憤怒不牽拖過去的相關憤怒經驗，以及在他處受到的類似刺激，更不要聯想到過往「自我」因憤怒情緒刺激所受的傷。

而做到這點，引發當下生氣情緒的刺激就很單純是現在的問題，較不會牽涉到自己的自尊。例如，工作上犯了小錯，卻被老闆嚴厲責罵。遭受這過度的責備當然會生氣，但自己有錯，總是要坦然接受指正、盡快仔細補救修改。此刻只是氣老闆小題大作，知道這樣的過分和不理性是他自己的問題，僅把那些不合理的責罵當成老闆情緒化的胡言亂語，回家痛批老闆或和同事們好好抱怨一下就好。老闆的行徑若真的太離譜，考慮離職也是可行。如此一來，這個憤怒情緒很容易就會過去，或轉化成適宜的行動力。

但若這不合理的責罵，讓我們想起過去幾次挨罵的經驗，甚至聯想到以前被誤會的事件；或憶起小時候，只要犯一點小錯，父母就狠打一頓的委屈；或覺得老闆瞧不起或看扁自己；或真的收下那些不理性的責罵，傷到自尊而覺得自己很糟，那這憤怒就會「加成」變大很多。

除非當下經歷的情緒刺激太大，不然，分辨清楚憤怒的情緒只是現在單一事件的刺激，這股情緒自然就能輕易消退。

而能覺察、看清、聽懂憤怒，就比較能選擇有效解決問題的方式，適宜地表達這股情緒（通常能解決問題的作爲，絕不可能是不理性的表達方式），或者只要能好好解決危機，也就不必「表達」或發洩憤怒了。

情況很複雜困難、對象很不明確或不能直接表達或處理時，面對這些無法表達的龐大憤怒，就要找到不傷人也不傷己的方式來發洩……更要接納自己眞的很生氣。

然而，情緒的啓動通常非常快速，我們需要經常向內覺察自己的起心動念，越瞭解自己，才越能做到上述四點，讓生氣、憤怒發揮正向功能而不傷身、傷人。

不論如何，壓抑或以暴力表達憤怒都是很不健康的，不得不愼！

讓憤怒有出口

我有個學生總是用想像的方式處理憤怒，但又自責怎會想出如此激烈的反應。甚至擔心會因控制不住，眞的實踐一些較爲暴力的方式。純靠想像，其實並不算是好好發洩憤怒呢！常感到憤怒沒發洩出去，反而容易造成多重的「內傷」。那引發憤怒的事件也易自動化，成爲在腦中揮不去的陰影。

要私下發洩憤怒，至少要大聲對著「假想」的對方罵出來！（可利用完形諮商的「空椅法」——擺張空椅子，想像對方坐在上面，直接表達生氣。不過發洩憤怒情緒，不需要換位子，也就是不必坐上對方的位置讓他發聲②）。特別是無法直接處理引發憤怒情緒的事件或人，更可以透過這種方式處理。如老闆個性無理，我們又無法立即離開有這樣主管的公司，要「消化」此情緒，必須要讓它「發出來」。

即使在夢境中發洩情緒，也能有好效果。

曾經有位校長常遭受一位不適任教師的無理抗爭與辱罵，因爲還在處理過程中，無法立即解聘那位老師。她每每被氣到快要受不了時，卻也無奈地知道反擊沒有用，更會讓事情惡化。有天清晨，這位校長做了個夢，在夢中狠狠甩了那老師兩巴掌。很奇妙地，自此之後再看到那老師，她心裡會想：你亂造謠生事，我是很生氣的，更在夢中嚴厲處罰你了……生氣的感覺也就降低些了呢！

憤怒情緒的背後，常同時也有受傷或悲傷的情緒（會憤怒就是因爲有人要傷害我們），但先承認自己的憤怒並發洩出來，才可能好好修復自己的傷。有時，憤怒發洩了，傷就容易得到療癒……

有些人總是「把別人對自己的不友善合理化，想著自己可能也有錯」。這是處於自我界限不清楚的狀態！別人不友善，是他需要負責的，不論他爲什麼如此，那都是他的行爲。我們不需要去合理化、揣摩、自省對方攻擊自己的理由，那不關我們的事。我們若眞有錯，就直接道歉，試著盡快改善或彌補自己的錯，學習此次錯誤的教訓而不再犯。我們只能爲自己的行爲負責。

對方有苦、有心病、有過去的創傷，那都是他自己的困境，不能因此傷害我們。我們關懷他人、理解他人、幫助他人，也是如此的，不是嗎？在關懷、理解和幫助時，眞心以待。但是當我們回到自己一人或其他狀況時，要放下這人的「苦痛」，做我們自己，有我們自己的喜怒哀樂……

在一般人際間，我們都是平等的，更該平等以對。每個人都有自己的故事，沒有人可以因自身的任何理由而傷害到別人。我們可以選擇放下或原諒他人，但對自己所受的傷，還是該有適度的憤怒，並將此憤怒的力量轉化成保護自己的能量，進一步適度隔離，讓實際或心理上不再受到攻擊和傷害。

我曾以「箭」做比喻。他人不合理的指控、埋怨，甚至攻擊，就像是他們拿利箭射向我們。有人射出利箭要傷害我們，自然該要趕忙躲開，要不然也要拿東西阻擋，再怎麼樣也不會以身迎箭！即使不小心被射中，也應趕快拔出箭丟掉，然後加以治療箭傷，不是嗎？但很多人對這種「箭」，非但不躲不擋，還把射中身體的箭帶回家。一而再、再而三地用此箭不斷刺自己（所謂自我譴責式的自省就像這樣）……這種任他人射出的箭刺傷自己，還以此箭自我傷害的因應方式，不是挺令人匪夷所思嗎？

最後提醒，自行私下發洩憤怒也是有條件的。

首先，發洩時的對象雖是替代的象徵物品，不是那引發憤怒的人，仍需要是清楚單一的。不然，憤怒容易轉移到其他無辜的人身上。如此一來既不公平、不合宜，也無效。

其次，發洩憤怒也要有限度，更該只在特定的情境下發洩，要注意不能不自覺地遷怒他人，或完全失去理性地亂打亂罵（即使私下一個人也不宜）。

再者，平時就愛發脾氣的人、情緒尚未分化良好的兒童或青少年③，或其生氣憤怒情緒其實是「次級情緒④」，這三類人都不宜鼓勵發洩生氣情緒。

第一類人平時已經過度與不當發洩了，反而需要協助他們從生氣情緒中冷靜下來，看看自己是怎麼了；情緒未分化者，也要先幫他們平靜下來，帶著他們嘗試述說，慢慢分辨出自己眞正的情緒；發現生氣是次級情緒時，重點自然是引導找到其核心的原級情緒，因爲發洩次級情緒是一點幫助都沒有的，更會誤解這就是原級情緒。

切記！「發洩」憤怒只是處理憤怒的一種方式，千萬別誤以爲那是憤怒的合宜表達方式。

---

①引自《張老師月刊》，四四七期，頁一二二。

②有關空椅法的說明，請看本書第二章第一篇〈放棄改變的企圖，改變才可能發生〉。

③判斷情緒未分化已否的簡單標準是：不論何種事件，這人都只有生氣情緒。悲傷也生氣、挫折也生氣、失落也生氣。成人也有可能如此。本書附錄二〈情緒解密——電影《腦筋急轉彎》討論題綱〉，帶領兒童與青少年進行討論，對他們的情緒分化、情緒成熟和管理情緒很有助益。生氣情緒在此部電影中也是故事情節的核心。

④「次級情緒」的概念請見第四章第二篇〈展現眞實情緒其實沒那麼難——從電影《意外》談次級情緒〉。

6 情緒再強烈，只要面對得宜都不可怕

有天，剛好看到電視重播二〇一〇年拍的《三國》，其中一小段是周瑜和諸葛亮鬥智故事的尾聲。

周瑜在「既生瑜，何生亮！」的呼喊中，含恨而亡。孫權感慨地說：「唉！是公瑾自己逼死了自己。」雖然事事都被諸葛亮贏過或反制，但以周瑜的才智、地位之高，的確可說他是被自己「放大」的妒忌與憤怒情緒蒙蔽了理性呀！

人們會升起過於強烈的情緒，通常是因爲兩種狀況：其一，如周瑜的故事，那是一種「放大」或「誇大」情緒的情形；其二，就是遇到很嚴峻的外在事件，威脅和挑戰了我們的生活和存在。

先讓我們透過周瑜的故事，來討論第一種「誇大」情緒造成的衝擊和處理方式。

看見「誇大」情緒的威力，還原其本然樣貌

有些人因其本身「氣質」較爲敏感，「社會覺①」的閾值較低；或核心自我肯定和自我支持不足，全靠外在的掌聲和「勝利」維繫自尊和自信；或過往有很多可怕的經驗，情緒易如驚弓之鳥、神經質地對外在刺激抱持「寧可信其有，不可信其無」「寧可錯殺一百，也不能放掉一個」的警覺態度。這些狀態非常可能使我們「放大」外在的威脅刺激，也同時「誇大」我們痛苦情緒的感受性。

換句話說，我們「放大」了刺激的危險性，或低估現在擁有的因應能力，誤以爲自己還處於幼小無力的狀態。於是，我們覺得自己承受不了這件事，無力應付這狀態，就會啓動強烈情緒，督促你急忙逃走、避開或準備戰鬥。

雖說是放大或誇大，但在主觀上，那情緒的痛苦程度是眞實而確切的。因此，當我們感受到強烈情緒升起時，自然仍要先「全然接納」，再來評估與分辨此情緒訊息強度是否眞切。

所以，先找個相對安全的環境（沒有引發此情緒的相關刺激，或有信任的人陪伴

在旁），承認自己的痛苦情緒，並願意和此情緒共處。

與這情緒「接觸」一段時間後，試著以照顧這帶著強烈痛苦情緒的自己為主軸，慢慢呼吸、書寫、畫畫或自我對話。透過此過程，慢慢拉開「主體性自我②」和「正感到痛苦情緒的我」的距離。

「主體性自我」出現，就可以有機會較清明地去「看見」受情緒之苦的自己怎麼了，那股情緒正在告訴你什麼？進而感謝情緒這樣努力地提醒自己。

然後，「主體性自我」會試著去理解現在的危險或威脅到底有多大？例如，這次輸給對方讓我很挫敗，但這並不表示我不夠優秀或一無是處，我已有的能力與才華還是一樣；突然失業或和伴侶分手是很糟糕、很難過，但和過往年幼時，被父母遺棄或父母離婚時那可能致命的可怕感覺仍有些不太相同，且現在的自己已長大，不再那樣無助、無力。

一旦逐漸感受到自己現在的力量、能力，就能想起曾有的成功因應經驗等，那強烈的情緒自然就會漸漸緩和下來。

接著，可以用相對於「誇大」危機的眼光，以較為客觀的角度重看這次事件：

- 這些困境該如何處理？或這困境並非如感受上那麼難因應？
- 可以做些什麼來調整和減少實質的傷害？

只要發現事件本身或結果並不是眞的很糟，情緒便得以緩解。就如周瑜其實表現並不差，也是東吳一等一的大都督，還是連蜀制曹的總指揮，戰事最終更是勝利打敗強大的曹操。雖然過程中諸葛亮表現更勝一籌，但到底是合作的對象，且諸葛亮多數的表現也算是對周瑜下的軍令使命必達而已，似乎不必有那麼強烈的憤怒和妒忌！

下一步，便可以從這個觀點向內探問：

- 自己內在眞正的需求和渴望到底爲何？是否合宜？
- 在目前現實的環境裡，可以如何滿足或安撫這些渴求？（指對目前尙無法直接滿足的需求加以安撫）

情緒消退、理智恢復功能，就可能想出一些具體的方法和作爲，或至少有個努力的方向。當方法得以實踐與執行，就有機會真正解決困境或「照顧」「滿足」自己。如此一來，以後相類似的刺激也不再那麼容易引起強烈情緒了。

越大的危機，越要慢慢處理

不妨再以《暗處③》這部電影，來討論遇到確實很大的危機威脅事件，該如何面對。

《暗處》女主角的母親承受過多太強烈的打擊。情緒混亂翻騰如海嘯，將其理智完全淹沒，才做出糟糕的選擇——付錢要人殺害自己並布置成搶劫，想以此獲取保險金和受害補償金，讓子女有錢解決所遭遇的困境。沒想到，一切失控……

這位母親遭遇過大的挑戰，其情緒必然強烈且混亂。若要能有較好的因應方式，勢必要試著走下列的過程：

首先，須謙卑地「承認」和接受已無法掌控自己的情緒狀況，並試著用自己熟悉的方法，讓情緒有暫時抒發和宣洩的出口。

趁著情緒稍稍退去的短暫時機（事情沒解決，情緒當然會再起），向內好好地問自己，一一回應下列問題。最好用書寫的方式，因爲這樣容易讓「理性腦」較正常運作：

- 我正經歷著什麼？
- 它們的眞實性爲何？哪些是事實？哪些是我擔憂的想像？
- 這些狀況中，我最擔憂的是什麼？
- 我的核心需求是什麼？想要有什麼樣的「結果」？我的底線是什麼？
- 哪些是我可以或必須先「放下」的？
- 哪些是已經發生而必須「接受」的事實？
- 若有相衝突的幾種「需求」，何者較爲重要？（所謂相衝突的需求，指A與B都是我們很渴望獲得滿足的需求，但滿足了A需求，B需求就一定無法滿足。）

以這樣的方式多次梳理，協助或強制緩和情緒的干擾，就能進行較爲清明的內在覺察。

再者，開始協助自己清明地判斷外在形勢。必須先盡快搜尋多元且正確的環境資訊，而這需要激勵自己「走」出去，勇敢面對，找到適當的資源。如向關心我們，也有能力的親友討教，或向遭遇問題相關的專家諮詢，都是不錯的方式。

像電影中的母親逃避、害怕讓人知道所發生的事情，又感到羞愧自責，不敢找一直想幫忙的姊姊討論、協商，更不知道可以做法律諮詢等。使得對外在環境覺察混沌，自然就易做出無法挽回的不當決定了……

只有眞正使內、外在覺察變得較爲清明，所做的決定才能爲自己翻轉情勢、解決問題，化危機爲轉機或化險爲夷。

當然，大挑戰來臨時，常伴隨著時間的壓力。但只要在最後期限前盡量穩住自己，想辦法在短時間內，清楚掌握自己及外在情勢，一切就可能較爲順利進行。

古人說：「急事緩辦，事緩則圓。」「欲速則不達。」《菜根譚》也提到：「躁急則昏，靜極則明。」臺語諺語更說：「食緊挵破碗」。在出現人生難解習題時，更要能體會「緩」的智慧！

此外，處理的過程中，有時思考會卡住或情緒感受太痛楚，那就先退開。這次不成，找適當時機再試；眞的還不想嘗試，就留在現狀。

當過大和強烈的情緒升起，就如海嘯襲來或濃霧籠罩。在濃霧瀰漫的狀況下，最好的選擇自然是靜坐不動，等霧散去。慌亂行動反而危險大增。請相信——就如再大的海嘯和濃霧都是會退去和散開，再強烈的情緒也會慢慢消退。

切記！情緒高漲時只能先安內，千萬不能在此刻對外做什麼選擇或行動。別低估了情緒對我們判斷力的影響，不然眞會傷人又傷己，後悔難當（負責）呀！

你身爲它（情緒）的主人，唯有反身接納它、聽它的聲音、安撫照顧它的「呼喚」，才能爲自己療傷。要相信自己有力量，有足夠能力保護自己、抵禦「外侮」。

當然，你也要願意能在最苦的時候，找個摯友依靠，讓對方在那個混亂時刻照顧你；更要相信自己是有價値的，値得受到耐心、用心的對待。至少主體性自我有能力這樣對待自己、愛自己。雖然有些外在危機造成長遠或不可逆的身心傷害，如遭遇嚴重車禍而截肢、財物損失過大而住所必須遭受法拍等等，此刻就不只是要處理情緒而已了。

再次提醒，情緒是在提醒和反應：我們遇到的人、事、物可能對自己的生存產生威脅或衝突。它是生存本能的提醒。越聽不懂它、不理會它，它就會更加強烈地「盡忠職守」，讓我們陷落在情緒的海嘯中，遇上滅頂的危機……

①「社會覺」是人類九大「氣質」中反應閾的一種。「氣質」概念的說明，請看本書第七章第一篇〈你真的「知道」人人大不同嗎？〉。

②「主體性自我」此概念的詳述，請看本書第二章第二篇〈「我王國」的國王——從「主體性自我」再談改變與接納〉。

③《暗處》這部電影的故事內容詳情，請看本書第一章第四篇〈嚴峻挑戰下的選擇——電影《暗處》提醒我們的事〉。

第五章

直擊人性黑暗面

1 從《琅琊榜》看複雜的情緒與人心黑暗面

即便一個人擁有滿滿的包容與同理，仍然可能同時存有些許不愉快的情緒；反之，在怨恨、暴怒的情緒中，也會含藏一些善念和正向情感。這就如許多西方心理治療理論所討論的兩極概念，也像中華文化的「太極圖」，白中有黑點，黑中有白點一般，不會都是全白或全黑的狀態。

《琅琊榜①》這部叫好又叫座的連續劇，全劇共五十四集。近尾聲的第五十二、五十三集，主角林殊洗清冤案的大業走上最後一哩路。剛被冊封爲新太子的靖王和林殊，重託蒞陽長公主（寧國侯謝玉的妻子）在皇上壽宴，於皇親國戚和群臣聚集祝壽之際，揭露夫君謝玉親手所寫的自白書，表明他十三年前陷害皇太子祁王景禹和赤焰軍。隨後，幾乎在場所有人都群起懇請皇上准許重審當年赤焰軍叛國一案。

皇上氣急敗壞地（那情緒實在太複雜，難以描述得了，暫時以「氣急敗壞」四字代表）要殺掉主導此事的蘇哲（林殊回到京城的化名）和新太子景琰，但場面已非他能掌控，只好無奈地暫時回到寢宮。

皇上多疑，當年只因聽信謝玉、夏江密告，就認定皇太子景禹和赤焰軍勾結敵人預謀叛亂。更任憑謝玉和夏江趁赤焰軍剛經歷來犯敵軍血戰數日、疲憊不堪的狀況下，於梅嶺將其全數殲滅，並賜死皇太子景禹。

若冤案重審而獲平反，等於皇上必須承認誤殺摯友赤焰軍統帥林燮及赤焰軍七萬忠魂，還有能幹有爲的長子景禹、景禹的母親（皇上最愛的宸妃），自己的親妹妹（林燮的妻子）。究竟皇上一個人如何能面對那只因心中的猜忌而犯下的滔天大錯？劇中，皇上雖然是在情勢所迫下，無奈地勉強同意重審赤焰冤案。但當皇上有條件地答應林殊重審後，在他轉身離去時卻叫住了他。激動地說：「你要相信朕只是受了小人矇騙……」然後皇上雙膝落地，流下兩行熱淚，再說到：「……朕曾抱過你、帶你騎過馬、陪著你放過風箏，你記……記得嗎？」（林殊的母親是皇上的親妹妹，皇上也就是林殊的舅舅。）

看到這段，我深刻體會到：皇上心裡雖然千百個不願意去面對錯誤，也感到遭處心積慮設計的憤怒，更覺得自己被皇親國戚集體背叛……然而，皇上內心深處的父子之情、夫妻之愛、兄弟之道、君臣之義這些情感還是被引出來了，壓在心底的愧疚感也慢慢浮出意識，這些才是他首肯重審、雙膝跪下說出道歉的力量來源。

當我們在面對他人或自己的強烈情緒時，也可以運用黑白交融、相互流轉的「太極圖」概念，試著正視黑暗面的龐大負面想法與感受。在同理與接納這黑暗面後，慢慢引導出其中的正面力量與情感。即使那正向部分再細微，也一定存在，並能觸碰得到。就如《琅琊榜》中的皇上，最終還是能感受到自己的愧疚感。只有這樣，轉化和改變才有可能發生。我們對自己亦然。

相對的，「太極圖」裡白中有黑點的狀況。不妨以《琅琊榜》第二十六集的故事爲例。

寧國侯謝玉的獨子——景睿，在得知自己的眞實身世之後，決定回南楚探望從未謀面的生病父親。當年，蒞陽長公主和南楚的王子相愛並懷了景睿。但謝玉一直傾慕長公主，在說服不希望女兒遠嫁南楚的皇妃後，共同用計騙娶了蒞陽長公主。林殊爲了替父親和赤焰軍平反，利用機會暴露了謝玉當年的所作所爲，包括好友景睿非謝玉親生一事。

蘇哲到郊外爲景睿送行並向他致歉。

他向景睿說：「……我用最殘酷的方式揭露了所有眞相，沒有顧及到你的感受和我們之間的友情……」

景睿回應：「……我是非常難過，可是我畢竟已經不再是個自以爲是的孩子了。我明白，凡是人總有取捨，你取了自己認爲重要的東西，捨棄了我，這是你的選擇而已。若是我因爲沒有被選擇就心生怨恨，那這世間豈不是有太多不可原諒之處？畢竟，誰也沒有責任要以我爲先、以我爲重，無論我如何希望，也不能強求……

「我之所以這樣待你（待之以赤誠），是因爲我願意。若能以此換回同樣的誠心，固然可喜；若是沒有，我也沒有什麼可後悔的。」

景睿這回應實在是人我界限清明，成熟而有智慧，令我動容和敬佩！

然而，即使如景睿這樣寬容大度的好孩子，除了讓他看到自己的正面力量外，也要幫助他們接納自己偶爾還是會出現的「闇黑情緒」。不然，黑點雖小，不正視與接納它，仍可能會反噬人心那美好的良善。

別怕你內心的黑暗

人最大的敵人——那揮之不去、不正常的痛苦情緒（或可統稱為內在的「黑暗面」）——就在內心深處。正常情緒再強烈，也會慢慢隨著時間散去，留下的只會是不干擾日常覺察的淡淡哀傷、思念及與情境合宜的害怕等。

《地海巫師②》這個寓意深遠的故事，就是在探索並整合我們內心「黑暗面」的議題。

書中主角格得，本是個普通人，但聰慧勇敢。一次暴風雨襲擊他所住的村莊，他向蒼天祈求協助，竟真能阻擋風雨對村子的傷害。有位巫師剛好經過，看到他天生的能力，就帶他回巫師學校習藝。當時就讀巫師學校的學生都是祖傳的巫師子女，他們經常嘲笑只是平常人身分的格得，甚至霸凌他。格得因此發憤學習，立志要贏過所有同學。積日累月，格得確實習得一身好法術。但同學們卻開始妒忌他，並利用他驕傲、自大和憤怒的情緒，激他去使用初學的最高法術——叫喚出強大的黑暗力量「黑影」——以證明自己。

格得施法成功，喚出邪惡力量，但是他根本還沒學會怎麼收服黑影。因此，「黑影」一出來就邪惡地差點摧毀了格得，所幸趕來的老師救了他。但是老師無法代替格得收回這可怕的「黑影」，因爲只有叫喚出它的人才能將其收服。之後「黑影」躲在暗處，隨時隨地伺機要吞噬格得，還會幻化成格得的形體去危害世人。格得不只要逃避「黑影」的傷害，還要不斷被那些受害者們追殺、復仇。但格得仍不氣餒，持續到各地尋訪制服黑影的方法。

傳說，需要找出「黑影」的眞名並當面叫喚他，才能收編被召喚出來的「黑影」。

有一天，格得被「黑影」逼到天涯海角的一座孤島上，逃脫無路。這時，他突然靈光乍現，勇敢地轉身面向「黑影」，以自己的名字「格得」叫出黑影的眞名，這黑暗力量才終被其收編。

這個故事寓意我們每個人內在都有這樣的「黑影」。在被累積很久的負面情緒操弄時，「黑影」就會被自己召喚出來。通常，「黑影」都是以闇黑情緒和敵意反應的形式存在，非常容易傷人傷己。

只有當我們願意勇敢地承認並面對它，才有辦法逐漸不受其控制。甚至化敵爲友收編它，去善用它的能量，讓我們能眞正清明覺察，爲自己做出較好的選擇並負起責任。

---

① 本書第四章第三篇〈害怕VS.生氣——從《琅琊榜》談基本情緒轉換〉中，簡介了這部戲的主軸劇情。

② Le Guin, U. K.（二〇〇二）。《地海巫師》（蔡美玲譯）。新北市：木馬文化（原著出版於一九七一）。

2

天生「惡魔」？——《絕命毒師》中善惡距離並不遙遠

我想說個讓人深感難過與痛心的故事，與大家一起思考「惡魔是不是天生的？」這個沉重議題。

故事主角名叫沃特．懷特。

原本，沃特是顆美國化學界的閃亮之星，但與合作夥伴不和而退出共組的公司。之後的機運，讓他只能在新墨西哥州的小鎮高中教化學。

沃特有個罹患天生腦性痲痺的兒子。他和愛妻花了很多金錢與心力爲兒子醫治和復健，加上房子的貸款負擔不輕，讓沃特除了教書，還須在洗車場兼職。面對苛刻的洗車場老闆刁難，有時還遇到學生來洗車而遭受嘲諷……負責愛家的他總是忍耐著，只期盼努力經營的家能平順幸福。

沃特五十歲那年，兒子十六歲了，雖不良於行需要枴杖輔助，但在高中成績優秀，希望未來進大學後也和父親一樣念化工；愛妻懷了第二胎，且是他們期待的女兒。只是四十歲高齡產婦的孕期很是辛苦，必須暫時離開職場，沃特因此經濟壓力更大。沒想到，不菸不酒的他竟在此時被診斷罹患肺癌末期。當時是二〇〇六年前後，癌末確診實如被宣判死刑，讓他……

若是你，在這樣的狀況下，會如何面對自己罹癌末期的事實？

沃特一開始選擇隱瞞家人並放棄治療，只想拚命找機會多賺點錢，讓妻兒在其死後不會過得太苦。當疾病的症狀——咳嗽越來越嚴重，他知道時間追著自己跑，自己得快點賺到足夠的錢，讓老大讀大學、老二出生後能生活無虞地長大。

後來，不得已讓妻子得知病情，她堅持要由最權威的醫師診療、做當時較前衛有效的治療。只是，那醫療費用實在非一般家庭能負擔。沃特不願意向母親借錢。並非因為母親的經濟能力不佳，而是他們母子的關係很不好。妻子則想到向先生當初一起籌組公司的好友尋求幫助。對方非常願意幫忙，且預計透過邀請沃特重返公司，來提供最高額的醫療保險，協助支付醫療費。

然而沃特對自己當年「被迫」離開公司一事仍耿耿於懷。尤其，他認爲公司的名稱是採用他當年取的名字，現在賣的產品更是他們過去合作開發的。因此，沃特覺得在這樣的情況下受邀回公司，根本是一種施捨和羞辱（劇情中沒特別交代，但依據零碎訊息，公司目前經營的產品和當時已很不同。我覺得沃特更在意的，是當年合作小組中的女性夥伴捨棄他而嫁給另一位）。

但爲了讓妻子安心，沃特決定騙她，讓妻子以爲他願意在好友公司掛名擔任顧問，透過保險支付醫療費用。原本籌措妻兒未來的生活開銷已是筆大錢，再加上龐大的醫療費用，使得沃特更堅定地想要找到快速賺大錢的方式。

若是你，會選擇怎麼達成這個「不可能的任務」？

從善走向惡的無奈

很巧合地，這位高中化學教師的連襟漢克，是緝毒局的探員。一次成功掃蕩毒窟的案件，漢克因居首功而升職並接受表揚。全家一起在慶祝聚會上，觀看新聞特別報導。沃特看到此案遭查緝沒收的美金多到堆成小山，他動心了……

沃特更曾在和漢克外出時，因線人臨時通報而有機會一同出勤。被交待躲在車上的沃特，看到自己以前教過的學生傑西，正從被查緝的樓房二樓窗口逃脫。於是，他想到利用自己的化學專業，從他管理的學校實驗室偷渡出相關器材和材料，說服吸毒者傑西和自己合作。他製毒，傑西負責找管道賣出。沃特想得太單純，或說過於天眞——他以爲自己只要利用之前在洗車廠打工的時間，開著傑西買來的二手露營車，到邊境附近了無人煙的沙漠區製造出高品質的冰毒（當時市場剛出現且售價很高的新毒品），而販售的事他不須插手。等錢賺夠了——他的醫療費、爲家人留下足夠的生活費與孩子的就學基金——他可能也抵達生命的終點。然後，這一切「犯罪」行爲，也就神不知鬼不覺地和他一起進墳墓。

讀者一定瞭解，販毒哪有那麼簡單，毒品必然和黑道脫不了關係，警方也追查得緊，哪能只偷偷製毒而自己全不露餡。

沒錯，在第一批成品準備出售時，只是個小小毒癮者的傑西，能找的銷售毒品管道唯有自己購買毒品的熟識毒販——正是沃特恰巧和漢克一起查緝毒品時的那名毒販。遭查緝又被關了幾天的毒販，因最後查無確切證據才剛被放出來。因此，對原本只買毒品的傑西突然來談生意，自然非常懷疑和警戒，堅持要看到製毒的人和製毒場所。

傑西帶兩名毒販來到露營車。大家記得吧？那次查緝行動，沃特也在緝毒探員漢克的車上。兩名毒販被抓上警車時，曾看到漢克車上的沃特。兩人立即認出沃克，更認定這是警方設計的圈套，馬上拿出手槍打趴傑西，逼沃特上露營車交出製作好的毒品。情急之下，沃特佯稱毒品尚須進行最後一個步驟，戴起防毒面具要去完成，卻製造出強烈的毒氣，毒昏兩名毒販。於是，事情才剛開始，還沒賣出任何毒品，情況就越來越複雜了。

迫不得已之下，掙扎痛苦好幾天的沃特和傑西殺了那兩名毒販，並用化學藥劑（我想應該是「王水」之類的）毀屍滅跡。沃特第一次殺人，還很歉疚地跟屍體說「sorry」。但隨著事情發展，很多因自衛而必須的說謊、欺騙、設計陷害及殺人不斷重複出現。之後更演變成在鬥爭之下的主動傷人與致人於死。

以上都是經典影集《絕命毒師》（*Breaking Bad*）主角沃特．懷特的境遇。

這英文劇名源自美國南部的方言，意思是：「一個人不再恪守原本中規中矩的信條，轉而突破底限去做一些『壞事』。」

是的，這是一個沒有不良嗜好、有專業才華、愛家負責的高中教師逐漸走向崩解失控的路途。他爲達目的，變得不擇手段、欺騙、傷害他人，最終更「墮落」成心狠手辣的「絕命毒師」，建立起製毒帝國。

這部影集一共拍攝了五季共六十二集。六十二這個數字並不是隨機安排的——元素週期表上第六十二個元素是「釤」（samarium，Sm），可以用來治療多種癌症，包括沃特的肺癌。

沃特的療程先進行了讓他受苦的化療，接著切除肺葉，之後又做了一輪化療，竟然神奇地讓他打破醫生最初對他壽命的評估。最後，他也並非死於肺癌這個疾病。

這齣劇的最後一季中，他的搭檔傑西想退出，不願再製毒，連錢也不想要了。更勸誡沃特一起退出，因他早已賺進當初預計需要的百倍以上金額。但沃特不願意：「我現在什麼都沒了，不製毒，我就什麼都不是。」（當時，妻子不但知道他製毒殺人而相當懼怕他，更不讓孩子接近他。而漢克也已懷疑他就是毒品界的新霸主，正在蒐集證據想大義滅親逮捕他）。

聽到沃特說的那句話，我終於秒懂之前《蜘蛛人——返校日》中的一句臺詞：

「如果你失去了這項東西就變得什麼也不是，那你就更不該擁有它①。」

是呀！當你只有這種自認唯一「擁有」的東西，就會被它控制著。不再是你擁有它，而是它綑綁住了你。而且你會過度依賴這個東西，無法眞正去發展出「獨立自主」的自己。

沃特一開始找傑西想製毒，內心似乎抓著一個好理由——「我是爲了家人」（I do it for family.）。他清楚自己需要多少錢，想賺到足夠的錢就收手。但是，隨著他製作出純度高達九九．九%的冰毒，世上沒人能如他一般厲害，就讓他像是再次找到自己的成就感和自以爲的人生價值。

自此之後，沃特做的一切其實不再是爲了家庭，只是他自己也難以面對和承認。直到最後一集，他遭通緝而獨自躲藏在山間小屋幾個月之後，他決定去向妻子道歉和告別時，才終於說出製毒是爲了自己，那讓他覺得自己是活著的。

沃特的確很聰明，因此，他能想出對付其他毒梟、黑道的各種計策；能多次即時躲掉因製毒這件犯法行爲的法律責任。而他自己不吸毒，也比較能避開觸碰毒品對毒癮者的危害等問題。

我在看這部影集時，同時也在閱讀《惡魔不是天生的[②]》（*Making Evil*）這本書。每每都在思考沃特到底是怎麼走上這條「Evil」之路的？而如「惡魔」般的壞人到底是如何形成的？是否人人都有成爲惡魔的潛力？

也許，所有人與「惡」的距離都非常近，近得超乎我們想像。

---

① 引自張義平著（二〇一九）。《潛意識自癒力：讓催眠心理學帶你創造美好的生活》。臺北市：四塊玉文創出版。頁一四六。

② Shaw, J.（二〇一九）。《惡魔不是天生的：心理學家帶你走進那些看不見，卻真實存在的人性黑暗面》（威治譯）。臺北市：商周出版（原著出版於二〇一九）。

3 由創傷與嫉妒滋生的惡
——濮陽櫻的偏執復仇悲劇

中國武漢因嚴重特殊傳染性肺炎（COVID-19）的疫情嚴峻而封城時，我特別想起了《琅琊榜之風起長林》這部戲，裡面貫穿全場的反派角色——濮陽櫻。我猜想，他後續的復仇行徑，和當年夜秦國王都夜凌城鬧瘟疫而被封城有密切關係。

想說說濮陽櫻這個人的背景故事。雖然在這部劇中只以濮陽櫻的片段回憶呈現，但我認爲之所以能有這齣劇，濮陽櫻的成長經驗應是主軸。

「一個人若是心中偏執，看這世間他人皆爲仇怨。」

濮陽櫻除了個人天生的氣質外，他少年時期所經歷的挫敗與創傷經驗，更在交互作用下矇蔽、扭曲了他的心，決定性地影響他後來所有的「選擇」和作爲。

濮陽櫻是夜秦國人。當年國家爲培育英才，設立了「夜凌宮學」——選擇優秀的孩子集中教育與訓練。濮陽櫻和弟弟一起入選受訓。幾年後，考評認定他「資質雖高，但性格有缺」而淘汰。這「性格有缺」，我推測應該是受他天生的氣質所影響。

而濮陽櫻的弟弟卻在夜凌宮學中名列前茅，順利完訓，並受到宮學「首領」掌尊大人賞識，內定爲接班人選。長尊大人死後，的確也將其領導位置的金令，傳承給濮陽櫻的弟弟。手足間的「比較歷程①」是最殘酷的，血緣關係親密性高，兩人又在同樣一個學習機構，成就差異卻這麼懸殊。比輸一方的自尊自然嚴重受損，挫折感深並妒忌情緒高漲。然而這是親弟弟，既逃不了明顯的比較，也不能切斷手足關係。

這是第一道傷，也種下濮陽櫻之後的報復計畫中，想去考驗和破壞他人手足關係的邪惡種子。

濮陽櫻離開夜凌宮學，回去與母親同住，弟弟則仍繼續待在宮學裡學習。

有一年，夜秦王都夜凌城發生嚴重瘟疫。瘟疫一發不可收拾時，爲了抑止瘟疫蔓延他處，鄰近的大梁國派長林軍封守住夜凌城，不許城裡的人自由出入。同時，大梁國也安排醫護人員進駐夜凌城，協助醫治得病者並試圖控制疫情。

濮陽櫻不幸也染上瘟疫，難受地臥病在床。焦急的母親請來大夫爲他診治，卻在診完脈確診後，聽到大夫無奈地說僅能留剩下的最後一顆藥給濮陽櫻，看能不能救命。大夫接著表示必須趕去夜凌宮學，那兒的疫情也不輕，雖沒有藥了，還是需要過去看看、想想法子。

母親在給濮陽櫻餵藥時遲疑了。考慮了一會兒，語重心長地對濮陽櫻說：「好孩子，娘擔心你弟。我想，你也會願意把這最後一顆藥丸，讓給弟弟吧！」說完，立即帶著藥丸離開濮陽櫻。

這對濮陽櫻來說該是多麼大的傷慟呀！爲了僅是「可能得病」的弟弟，母親竟然殘忍地丟下正在「受病魔摧殘」的自己，要把最後一顆救命藥給那處處贏過他的弟弟。母親選擇放棄他而去救弟弟，對一個孩子來說，實在是難以承受之痛！

這場瘟疫很特別，它帶走城裡大部分成人的性命，卻讓多數年輕孩子痊癒而活了下來，濮陽櫻兩兄弟也是。不過，夜秦國因此幾乎亡國。

濮陽櫻的母親走了，夜凌宮學的長尊大人也過世。長尊大人離世前，將傳承的金令交給濮陽櫻的弟弟，要他承擔領導夜凌宮學的重責大任，並交代：「世間本無萬世永存之基業，天地不仁，自當順勢，不必強求……」要夜凌宮學的子弟們放下怨恨，好好活下去。

但活下來的濮陽櫻心中充滿仇恨，並將這樣的憤恨都投射到大梁國和由蕭庭生領軍封城的長林軍②，一心想要復仇。因此，他要求弟弟用其擁有的夜凌宮學金令，號召夜凌子們一同向大梁國報復。弟弟謹遵長尊大人遺訓，自然不願意。

於是，濮陽櫻殺了弟弟，拿走了金令，並改變手上的刺青圖案（完訓者會在手上刻下特殊的圖案），假冒弟弟承繼夜凌子首領的身分。濮陽櫻以此角色號令夜凌子們到大梁首都金凌城，更布署夜凌子們進入各個行業。他自己也以白神教天師的身分入宮，成為宮廷裡乾天院的上師，以神教之神力治療太子的痼疾而取得皇后信任。

濮陽櫻自此展開復仇大業，也牽動起《琅琊榜之風起長林》的故事。

濮陽櫻復仇的核心是大梁國，復仇實行的策略則針對大梁國的軍事主力——長林軍。長林軍主帥蕭庭生的長世子蕭平章，是領養自好友的孩子，次子蕭平旌則是他的親生兒子。這兩兄弟雖無血緣關係，但感情甚篤（次子蕭平旌在劇中前半部並不知道蕭平章非親哥哥）。

但是，濮陽櫻心中不願相信兄弟有情，因此他策畫的奸計中，總是利用蕭家兄弟倆的關係和情感，甚至用計，讓其中一人以性命換取另一手足的存活。他鮮明地在複製自己過往所受的創傷，可謂是種內在偏執信念的「驗證」吧！

這是一個人因過往的創傷歷程，帶著仇恨，最終演變成「惡魔」的故事。

---

① 關於「比較歷程」，本書第四章第四篇〈嫉妒是種什麼樣的情緒？〉，有詳細解釋。

② 蕭庭生在《琅琊榜之風起長林》中是皇帝的義兄，長林軍的主帥長林王。前一部《琅琊榜》劇裡，曾清楚交代了他的身世。他是當年大梁國昭平皇帝的太子——祁王蕭景禹之遺腹子。因父親遭奸人所害而死，他隱姓埋名生長於掖幽庭，後來才被新太子靖王蕭景琰和赤焰軍少帥林殊救出，靖王更收其為義子。《琅琊榜》劇末，靖王繼承王位，並將整編的新軍命名為「長林軍」。

4 社會桎梏下的惡之影——《終極審判》的罪與罰

一部一九九六年上映的老電影《終極審判》讓我感觸極深！

「兇手」山姆是位充滿種族歧視、暴力激進的「壞人」，也是3K黨成員之一。當年，山姆在組織的指示下，負責安放炸彈在一些具重要象徵的建築物裡，以向猶太人示警。這項行動不企圖傷人，也一直沒有造成人員死傷。

某次清晨的行動中，原先預計在非上班時間炸掉一座辦公大樓。沒想到一名員工因妻子身體不適，當天提早帶雙胞胎兒子進辦公室處理些急要公務，打算晚些再送他們去幼稚園。結果，這次爆炸殺死了這一對可愛的雙胞胎男孩。山姆因此入獄，多次上訴卻仍被判處死刑。

年輕的菜鳥律師亞當發現這件老案子，得知山姆是自己的祖父。在山姆即將執行死刑的前一個月，他決定接下此案為祖父辯護，希望至少免除死刑。

原來，亞當一家與3K黨淵源深厚，曾曾祖父是傳聞中的創黨人之一，家中代代男丁都在歧視黑人的環境長大。他的祖父山姆十歲時，便被迫目睹三次以私刑處死黑人的過程，更在耳濡目染下成為3K黨員。

亞當為祖父辯護的內容包括：其一，祖父不是主謀，主謀一直沒有現身；再者，在密西西比州這個3K黨大本營，還有家庭世代的影響下，山姆不容易跳脫這樣的宿命。但他本來就不想傷人，所以雖然祖父有重罪，但罪不致死。

最後，亞當雖沒辯護成功，祖父山姆依舊在州民歡呼聲中服行刑死亡。但因為他的努力，不僅抓到主嫌，也修復了自己與父親、祖父的關係。

而調查與蒐證的過程，也喚醒姑姑走出酗酒自棄的人生，更終於願意在山姆死前去見父親，並敞開心胸說：「對你的所作所為，我無法原諒你；但身為你的女兒，我原諒我的父親……」

其實，亞當的父親年幼時，曾和家中黑人工人的兒子很要好。但一次心愛的玩具不見了，他懷疑是好友拿走，兩人因此打了一架。黑人工人來爲兒子討公道，一言不合，山姆便開槍打死了那名工人。亞當的父親後來在自己床底下找到玩具，因此悔恨不已。最後更在山姆因案被抓後，終究熬不過內心的自我譴責而自殺身亡。當時，發現父親死在血泊中的第一個人，就是十歲的亞當。

亞當的姑姑是山姆最疼愛的孩子。山姆衝動槍殺工人時，她躲在一旁目睹，嚇壞了的她未能出聲制止。事後，她覺得如果那時自己能出面制止，父親必會因爲她而住手。於是，她覺得自己亦是共犯之一。後來，山姆成了惡名昭彰的劊子手，她也就改名換姓過著失去自己的荒唐日子。

山姆在獄中十多年，幫獄友處理了很多冤獄事件，其中不乏黑人。獄友都很尊敬他，山姆也和一直看管他的黑人獄警，建立了特別的情誼。他不願孫子參與此案而影響前程，也對兒子自殺有很複雜糾結的情緒。因此，一開始他很兇惡地對待孫子，到後來逐漸轉化，而能與自己、孫子及女兒和解。影片中將這個過程描述得很細膩，讓我動容。

命運造人，孰善孰惡

「命運」讓一件件巧合，羅織成一樁樁悲慘的社會犯罪事件——兩個可愛的雙胞胎死了，其重傷的父親最後也自殺身亡，留下悲痛萬分的妻子；兇手的一雙子女也深受波及，一個自殺，一個醉生夢死、痛苦地活著……

我用「命運」一詞，是有複雜涵義的：從小耳濡目染而成了種族歧視嚴重的3K黨員，是一種命運；目睹父親殺人或自殺，是一種命運；陰錯陽差被炸死，自然也是一種命運。然而，對於命與運，我們眞的只能無奈順服，還是可以有機會重新選擇，進而改變命運？那人們又如何能創造出不同選擇的契機？如何能做出更有智慧的選擇？這部電影眞的值得人們好好思考這些問題！

過往內心深處的記憶，特別是帶著高漲情緒的記憶，似乎會緊緊地禁錮和折磨我們，甚至塑造了之後的「命運」。如劇中山姆的兒子和女兒，因當年父親的衝動殺人，他們卻各自背負了不該屬於他們的責任，難以原諒自己當年所做的或沒做的，於是有了結束自己生命或過著失去自我的人生。

最後，山姆的女兒，被亞當的堅持而感動，終能願意面對心中的愧疚，並勇敢去重新經驗，以理解父親受「成長經驗」的桎梏；以及自己小時候的無法行動（勸阻父親），是因爲太驚恐而僵住的。當她能夠眞正地自我寬恕並原諒父親，才得以走出那座心的監獄，過屬於自己的人生。而在這過程，他們之間的相互瞭解、關懷、包容和愛是促使改變的最大力量。

而什麼是好人、壞人？也是這部電影裡値得我們細細玩味的……

知名的高官、議員因各種利益而保護3K黨，讓爆炸事件的主謀得以脫身十幾年；3K黨仍能在這樣的暗中支持下，明目張膽地繼續存在。但同時，這些官員們卻又爲選票包裝自己，大聲疾呼保護州民並處決兇手山姆；兇手山姆獄中助人而受到尊重，也和原本歧視的黑人成爲好朋友；一般民衆嫉惡如仇地圍毆山姆的辯護律師或聲援山姆者（因證據顯示山姆不是主嫌，也有少數人在上訴過程中，聲援山姆不該被判死刑）等等，這些情節更讓我也想到《我們與惡的距離》這部臺灣戲劇。更體會到黑與白之間的灰色漸層，層層疊疊……

美國曾有個實地實驗研究的結論是：「邪惡的舉動，不必然是邪惡之人才做得出來，更可能是歸因於強大的社會力量運行[1]。」

這研究要求參與的受試者扮演獄卒，去執行管理囚犯的工作。研究發現這些受試者在擔任獄卒的角色時，很快且很自然地會去傷害和虐待囚犯。

其實，人人都有變成「惡魔」的潛力、能對他人造成各種傷害。所處的環境、外在所發生的各項重大事件，以及生命中所經歷的各種波折，也都將關鍵性地左右我們走向善或惡的路徑。好人和壞人也並沒有如我們想像得那麼不同。

然而相對的，若每個人都能勇於檢視並處理過往的痛楚經驗；掌控好當下強烈的情緒；願意面對且接納內心深處的黑暗面，更承認我們並非自認的那麼「自主」，很多行爲和選擇多少都會受到社會、團體及過往創痛經驗的影響。如此必能清明覺察，也就比較有能力做出利人利己的選擇，做個負責有爲的「好人」。

至於，這部電影如何也讓我們覺察與反思自己可能存有的偏見與歧視，將在下一章中有更深入的討論。

① 引自Shaw, J.（二〇一九）《惡魔不是天生的：心理學家帶你走進那些看不見，卻真實存在的人性黑暗面》（威治譯）。臺北市：商周出版。頁二七一。

第六章

人們主觀的詮釋與歸因

1 成為有智慧的業餘科學家

——歸因停看聽

人類就如業餘的科學家，總有個非常特別且強烈的動機，要試著拼湊各種訊息來解釋他人或自己行爲的理由或原因——社會心理學稱此內在運作的過程爲「歸因」（attribution）。

當同班同學以黑馬之姿，考上大家心目中的第一學府；同事在多位競爭者中脫穎而出，升上主管；朋友發生車禍，人雖只受輕傷，但心愛的百萬名車則半毀。我們會針對上述這些情形，根據可得知的相關訊息，企圖對這同學、同事和朋友何以產生這樣的行爲結果，找出可能的原因。這是歸因中的「**他人歸因**」。

對他人行爲做出歸因，我們才比較能夠選擇恰當的應對方式，或知道可以注意些什麼來掌控外在情勢，甚或產生一種安全感。

而自己順利談成一件之前覺得是不可能任務的生意；自己在經濟不景氣的狀況下，一畢業就順利找到工作；自己在上班途中不小心摔了一跤。我們也必然會對自己有這些行爲結果，找出自認合理的成因，這則是「**自我歸因**」。

如此我們才能決定接下去的行爲取向，以及依此評估自己的狀況，以建立清晰的自我概念，或者避免自己再次發生不好的事情。

除了因對象不同分爲「他人歸因」和「自我歸因」。更出於其因素向度，再區分爲「內在／性格歸因」和「外在／情境歸因」。前者指歸因他人或自己的行爲是出於個人本身或性格；後者則是把行爲的原因歸爲外在的環境因素。

例如，我之前任教的學校，校門因捷運工程而小幅位移後，不再正對十字路口，以致車輛出校門後要轉至對面車道時，變得相當難以順暢通過。每當前面有車被阻，轉不過去，連帶後面的車輛也動彈不得，要多等一、兩個紅燈。後車駕駛因此歸因前面那輛車的駕駛開車技術不佳，或是過度謹慎小心。這就是對他人做了「內在／性格歸因」；若是認爲造成這狀況，都是因爲路口設計有問題，那就是「外在／情境歸因」。

一般而言，多數人對自己的歸因能力很有信心，自認會做出最合理的歸因判斷。偏偏人們在蒐集資訊的過程中，不但有知覺上的限制，又相當主觀，在對自己和他人推論原因時，更有明顯的差別待遇。於是造成這種「歸因」的判斷經常錯誤百出。

我們知覺上的限制比自己想像得大很多，因爲人類各感官基本上就很有限。除了我們不是千里眼、順風耳之外，還容易在取得訊息時，相當受到周邊其他物件、所在時空、整體氛圍，以及心理因素的干擾。

例如，某人和籃球國手們合影，這時因爲對比性，容易讓我們低估了籃球國手身旁者的身高；當你從高處往下看，通常因爲居高臨下的俯瞰，而難以正確估量地面上的物品、人物之大小和高矮；太陽下山時分，看到疾駛而過的某車輛，會因光線的改變造成和中午所見顏色不同。有經驗的員警辦案，都會小心過濾證人所謂的目擊證詞，就是這個道理。

而處在氣氛溫暖歡樂的聚會場所，在場的人會忽略一些打翻東西等不順心的小事；當肚子超餓而去找尋食物時，沿路的時裝店、五金行等與食物無關的東西，全都因注意力偏向，被自動排除在視覺之外。光以視覺來看，我們就必須說：「眼見也不得爲憑呀！」

所以，人們用這些不夠精準的「工具」測得的資料來做歸因判斷，卻又自以爲有十足的把握，實在有點危險。

歸因偏差總是在

更有趣的是，人們在設想行爲的原因時，無法避免地會犯下「基本歸因偏誤」。

以上述任教學校開車的例子來說，前車被擋住了，通常就會認爲那駕駛技術太差或個性太過謹慎，輕易「歸因」爲對方個人的能力和特質，做出「內在／性格歸因」；但若被擋住的車是自己駕駛的，對自己的行爲則偏向歸爲路口設計太差的「外在／情境歸因」。

尤其，對做錯或失敗的事，以及不當的行爲，特別容易發生這種「基本歸因偏誤」。也就是說，他人做錯事，我們多認爲是其本身擁有的各項因素所造成，需要自己負責；而我們自己的失誤，就認定是外在環境或別人的責任，如此就可較爲輕鬆面對。

國小下課的時候，小朋友們在教室外嬉戲常會互相碰撞。撞到別人者，總認爲是走廊太狹窄、人太多、對方沒看路，反正不是自己的責任；被撞倒的，就會責怪是對方粗心、莽撞，甚至是有意侵犯。這不一致的判斷，自然容易導致雙方發生衝突。

有研究發現，攻擊性高的孩童和暴力型罪犯，之所以會產生攻擊和暴力反應，其中很重要的關鍵變項就是常將他人無意的行爲，歸因爲對方故意挑釁或有敵意的作爲。

人們會有這樣的偏差判斷，其實也是其來有自。我們在觀看他人的行爲時，焦點當然多集中在對方身上；反觀自己的行爲時，我們的視野看不到自己，自然向外以周邊的環境因素爲主。

對於社會事件的受害者，人們也傾向做「他人內在歸因」，希望找到受害者自己的一些疏忽、不當行爲或個性特質等因素，來解釋他之所以遭受傷害事件的原因。這倒不是我們人類有殘忍、冷血的本性，而是因爲我們內心的恐懼所致：如果不是受害者的個人因素所致，那每個人都有機會成為傷害事件的受害主角，更難安排什麼萬全的防範措施。我們只能相信「世界是公平的，且具有固定不變的因果循環」，堅持「事出必有因」，而且是出於當事者的個人因素，如此才能避免面對沒有「絕對的公平正義」，也不見得會「善惡有報」的無常感。

對受害者遭遇產生這樣的基本歸因偏誤，使我們比較不能同理他人的痛苦、不易關懷和協助別人的處境，也難正確瞭解身邊與自己互動的人們，以至於大大降低了人與人之間擁有親密、和諧關係的可能性。而某些工作者，如法官、教育相關人員等犯了「基本歸因偏誤」，則可能失去專業與公正的判斷，造成難以彌補的後果。

自我歸因有偏差，影響深遠

至於人們做出自我歸因所造成的影響則更為複雜。對我們自己的自我歸因會如何作用於自身後續的行為選擇、引發何種情緒、怎麼改變對自己的看法等，則通常要考量歸因因素本身的三個特性：

第一、**歸因的焦點**——指自我歸因時，所歸因的因素是內在或外在。如歸爲能力因素就是內在的、歸爲運氣因素則是外在的。

第二、**歸因的穩定性**——指歸因的那個因素是否穩定不變。如歸因爲運氣因素，而運氣是個變動很大的因素，屬於穩定性低的；但能力因素就是偏穩定的因素。

第三、**歸因的控制性**——指所歸因的此因素，能不能由自己控制或改變。如運氣這因素很難眞的由自己控制，就是控制性低的因素；而努力這個因素，由自己控制的可能性就很高。

例如，經常考壞的學生，他若認爲是自己「努力」讀書的方法有誤，把失敗歸因爲「努力」不夠或方向錯誤。「努力」這因素屬於自己內在的，且可以由自己控制。他之後積極地用功、負責地檢討、修正準備考試的方法。這樣一來，行動力可能大增，也不容易產生挫折和沮喪的情緒。但若他認定是自己「很笨」，歸因於「能力」因素。「能力」雖也和「努力」一樣都是內在因素，無法推卸責任，但聰明才智卻是他改變不了的原因，反而因此容易讓他對讀書這件事自暴自棄，並形成低自尊，產生較多挫敗感和羞愧感。

而失敗時，偶爾歸因外在因素，何嘗不是放過自己、減輕挫敗的一種方式？但也不能老怪運氣、環境和他人，那可會永遠留在失敗中呢！成功時，若只自我歸因是聰明過人所致，則可能容易自視過高而眼高手低，成功也會很快就離你遠去。

雖然歸因是人類的基本心理動機，但這個歸因歷程，主要還是受到後天經驗影響，並有很大的個別差異。既然是後天造成人們的歸因習慣，當然可以透過訓練來改變。

對個人而言，首先要認識與承認自己有這個愛歸因的心理傾向，再去覺察自己那些已經自動化的歸因習慣。之後，每當歸因時，就提醒自己多思考些，多找些參考訊息，再進行他人或自我歸因，以減少歸因誤差。

爲人父母和老師者，更要知道對孩子所做的「他人歸因」，會直接左右他們的「自我歸因」，而且形成孩子自動化的歸因模式。例如，老師發現某學生平時很努力用功卻總是考不好，而認爲學生是能力不足。因爲做了這樣的歸因，於是帶著同情的態度對學生說：「沒關係，我知道你已經盡力了！」孩子很容易因此接收到你爲他考不好的理由歸因於「無能」，於是就跟著自認考壞是因爲自己不夠聰明。認爲自己是沒能力的學生，也就不再願意努力，更感到自卑和自貶。

父母和老師最常疏忽而產生負面影響的歸因態度就是同情。同情他人，通常就是認爲對方是弱者。很多父母過度保護孩子，總是代勞其完成不了的作業。孩子會自動解讀：你在告訴我，我是無能的。

請有意識地關注自己隨時進行的歸因心理歷程，不要讓它只是自動化的習慣反應。要讓自己成爲有智慧的科學家，不會因錯誤的歸因判斷而傷人傷己，更傷害了美好的人際關係。

2

賞與罰——從社會心理學測驗瞭解外在獎懲

選擇題：假設你付錢給孩子，請他們做自己本來就喜歡做的事，你認爲他們對於該項活動會（A）更有興趣；（B）一樣；（C）比較沒有興趣。

這題的正確答案是「C」，你答對了嗎？

這是內在動機與外在獎賞的議題。

一位老先生住家前有個廣場。一群放暑假的孩子們總在老先生午睡時，到廣場上踢鐵罐子當足球玩，吵得老先生難以安穩地睡個午覺。一開始，老先生出去罵人、趕人，但效果有限。

後來，他想出一個妙招——等孩子們玩了一陣子，就出來發給每人十塊錢，還誇他們踢得好。給了幾天，老先生不再給錢了，只出來觀看。孩子們問：「我們踢得很好呀，今天怎麼不發錢了？」老先生不說話，只搖搖頭。三天之後，孩子們踢了一陣子就意興闌珊地散了，還抱怨沒錢拿，一點都沒趣……

另一個著名的研究，將一群很愛畫畫的幼稚園孩童聚在一起畫圖。一開始，孩子們興味盎然地畫著。每次畫完，老師都會發小禮物獎勵他們畫得好。給過幾次獎賞後，老師宣布因爲每個人都畫得很好，所以不再提供禮物。接下來，這些孩子慢慢對畫畫興趣缺缺，並抱怨沒禮物了，畫畫不再好玩。

孩子們本來就喜歡做的事，表示內在動機充分，自然而然會想要去做，完全不需要他人鼓勵或給予獎賞。而提供外在獎賞讓孩子去做原本喜歡的事，會慢慢地讓他們認爲自己進行這活動是「因爲」得到了賞，自然降低了原本的內在動機。也就是說，從事此活動的內在動機／理由，變成了外在獎賞／理由。（也可說是歸因的一種——把自己本來喜歡的活動，從歸因爲內在因素改變爲歸因到外在因素。）

當然，若孩子不喜歡或不習慣去做的事情，給予獎勵則可以造成正向的制約效果，讓孩子變得較喜歡去做。

因此，減少外在增強物、外在支持／理由，較能保有原來的內在動機。只有在孩子本來沒有內在動機和興趣的活動上，才需要用讚賞、外在獎勵來加以鼓勵。

對孩子的讚美之詞若不夠具體明確，也算是外在獎賞，而且在增加孩子的自信心這方面，有時更是會出現反作用。

現在有些眼高手低、不認眞踏實努力的人，可能是出於內心很害怕，擔心自己全力以赴後仍然失敗了。他們常常在成長過程中，接收了父母或師長過多空洞或誇大的讚美。因此，憂慮自己一旦失敗，就「證明」自己並非如父母或師長過往所說的那麼聰明和優秀。

有次在捷運上遇到一對父子。孩子應該是四、五歲，父親指著站名標示，教他這一站是什麼站名，下一站是什麼。過了一會兒，車子到站。父親問孩子：「這是某某站，記得下一站是哪一站嗎？」孩子在父親暗示下，正確說出下一站的站名。這父親很高興地誇讚孩子：你眞是個天才！記憶力超強，一學就會……在旁聽得一清二楚的我很是傻眼，記住個站名就稱讚孩子是個天才，這對嗎？實在有點超過！

當時，也許孩子聽了很興奮、開心，但慢慢地再大一點，上學後和同儕一起學習。相較之下，那些讚美成了一種過高的溢美，讓孩子覺得心虛。或是隱隱感覺那些話很不眞實，自己離那讚美很遠。但另一方面，哪個孩子不希望那些讚美是眞的？誰不想要自己是個天才或超級英雄呢？更別說想在父親心中維持天才的形象。

這樣虛幻的自我形象接下去會如何發展，將依照每個孩子的不同特質和經歷，產生不同的問題和困境。

《說不出的故事，最想被聽見》一書中提到：「小孩對讚美的反應是『放棄，停止學習』，因爲如果已經是『最好的』；而讚美也可能導致小孩重複做同樣的事情，因爲如果舊的方法總是得到掌聲，爲什麼還要用新的方法去嘗試呢？……如果我們只是讚美，卻無法瞭解孩子和他的世界，以及他的感覺，那麼讚美就等同批評，最終也只是顯現我們的不在乎……」①

這是過度讚美的另一種缺點。讚美並不能增加自信心，因爲內在核心的自信和勝任感，是需要孩子透過不斷累積——親自用心投入和努力於各種事情上，然後成功做完，並體會到完成一件事的滿足——這樣的經驗而來。因此，在過度誇讚和保護下成長的小孩，缺乏自己認眞從事各種活動去探索、思考和操作的經驗，很難眞正建立起自信心。高智商的資優生若沒有適性而教，一般的課程對他們來說太簡單，沒有費力用心得來的成功，也不容易真切感受到自己的優秀，也可能缺乏篤定的自信呢！

效果最佳的處罰——自然合理的結果

是非題：你花越多錢請人來做違背自己信念的演說，他們越會改變心意，同意演說的內容。

這題的答案是「錯」，看了有關內外在動機與獎賞的說明，這題應該答對了吧！

這道理和外在獎賞是類似的。當你給越多錢讓受試者去說出違背自己內在想法的演說內容，他會覺得這只是一個實驗、是為錢而照說而已，演說的觀點與我的想法無關；但給的錢很少時，受試者找不到什麼外在理由，反而會覺得自己都這麼說了，或許這演說內容是正確的，也就因此比較有機會改變自己的信念（「說出就相信」也是一個改變態度的策略）。

而外在處罰也有類似的問題。靠處罰讓規範與要求內化到孩子的內心，其實效果很差。孩子體會到的是：我不能做此行爲，因爲做了會被處罰。而不是學到這件事不對，我不可以去做。因此，當沒人看見或沒有處罰時，就照樣犯錯或不守規矩。

而明知犯了錯的孩子，若只受到體罰，尤其是重罰，有時更會使他們感覺自己既然已經受罰，責任已了，這件事也就過去了，不須彌補過錯或承擔後果。因此，下次再犯的機率仍然很高。這也是爲什麼重罰通常無法內化良心與道德感，這一切須以培養同理心或身教爲重。

在孩子成長的過程中，適當處罰管教小孩自然是必要的。但一定需要配合孩子的年齡和成熟度，清楚說明處罰的緣由，施行處罰者當下更不能情緒過於激動或心緒紛亂。若能有「自然合理的結果」之處罰 ②，效果最佳。

在法律上的「加重刑罰」其實也是同樣的道理。總有很多人贊成嚴刑峻罰，認爲可以有嚇阻犯罪的效力，但其實犯罪者的心態通常不是這樣的。只有「重罰」並不能達到改變惡行的成效，再犯率依舊很高。

預謀計畫型的犯罪，犯罪者都相信自己思慮縝密，絕對不會留下什麼線索，更不可能被抓到，此時嚴刑峻罰自然不能阻止犯案；而暴力犯罪，特別是衝動型犯罪，犯案時則不太會想到「刑罰的後果」，當然也不會有嚇阻作用。

暴力犯罪案件的相關研究中，最一致的結果是：暴力犯（相對於其他罪犯）之所以犯罪的主因，就是「無法設想到後果」，而其情緒容易失控、衝動暴躁則是最大的共通個性特徵。他們在「犯行」時，很難預期對自己或對方造成的傷害有多大，因此根本不可能意識到法律上的「重罰」而收手。

外在獎賞和處罰必須謹慎使用，不然很容易適得其反。除了實施者在運用上要有智慧，也需要以眞正的愛與關懷爲基礎！

---

① 引自 Grosz, S.（二〇一四）。《說不出的故事，最想被聽見》（劉嘉路譯）。臺北市：圓神出版（原著出版於二〇一二）。頁三九—四一。

② 阿德勒個體心理學中，認為「自然合理的結果」是管教孩子的方法中，最合邏輯的一種處罰。如孩子鬧脾氣不在餐桌上用餐，父母與孩子確定他現在決定不吃，也知道等一下不再有任何餐點可吃後，撤掉他這一餐的食物。之後，孩子肚子餓卻沒東西可吃，那飢餓即為「自然合理的結果」之處罰。我個人覺得這和完形諮商學派所說的：自行「選擇／決定」，並為自己所選擇的結果負責，是異曲同工的。

3 不同角度位置的不同看見

這些年看了幾部集數眾多的中國歷史劇，體會頗深！

原本以為，我年輕時歷史讀得不錯，也愛看歷史小說，應該可以輕鬆且慢慢地觀賞這些已熟悉的歷史人物故事。沒想到還是常一集接一集，難以停下來，一些明知結果的劇情也仍會緊張呢，甚是有趣！

首先，談談當視角不同，對整個歷史故事就產生不同的理解。

像最火紅的兩部劇《如懿傳》和《延禧攻略》，內容都是以乾隆皇帝時期的後宮故事為主。但主角不同，編劇描述的各個情節也就有了很大的差異。甚至，有些角色的善良和邪惡在兩劇中都翻轉過來了。

九十五集的《三國》，描述了不少司馬懿和諸葛孔明「對峙」的情節。從小我所讀的歷史教科書或《三國演義》，都將劉備視爲漢室正統，諸葛亮更是忠心耿耿的千古奇才，以致我對曹操和孫權所領導的兩個政權，心中總是有些偏頗的看法。

印象最深的一個落差感受，來自諸葛亮第四次出祁山北伐魏曹操。諸葛亮設計司馬昭帶領的魏國先鋒部隊進入狹窄的山谷中，再以火與箭猛攻。司馬懿帶後援兵趕來，雖知情勢大不好，可能會全軍覆沒，但他爲救兒子還是選擇衝進去，火越燒越大，蜀軍的攻擊也更加猛烈。眼看諸葛亮計謀就要成功，司馬懿父子三人將喪生火海箭雨之中。突然間，風雲變色、大雨傾盆，澆熄了烈焰，讓他們幸運地逃過此劫。諸葛亮當下仰天長歎：「天不助我蜀漢，卻助曹賊也！」昏倒於山頭……

看《三國》這齣劇時，我眞心爲諸葛亮悲嘆：老天爺怎麼會這樣？竟然幫助「敵方」，下起大雨讓計謀功虧一簣。

但後來看了以三國時期司馬懿爲主角、分爲上部《軍師聯盟》和下部《虎嘯龍吟》的電視連續劇《大軍師司馬懿》，描述魏國大軍師司馬懿一生如履薄冰、機智謀略的故事。特別是下部《虎嘯龍吟》就是從司馬懿面對一生勁敵諸葛亮開始講起。於是，同樣是「司馬懿父子三人中計受困」的這段情節，我卻和司馬父子一起慶幸起來，心想的是，還好有這場及時雨，不然……

事後，我對自己很不一樣的感受，可是挺心驚的！一樣的歷史故事、一樣的舊情節，我竟有這麼鮮明的差異，人心確實相當受外界影響呀！

先看看自己站在哪

記得二〇一五年去西班牙旅行，有機會重新認識這個國家後，也有類似的感覺。這次是對電影《伊莉莎白：輝煌年代》觀點的轉變。

之前，看這部以英國視角拍攝的伊莉莎白傳記式電影，覺得西班牙攻擊當時伊莉莎白所繼承的積弱英國，很是無理。伊莉莎白女王在兩國戰況危急時，終能以智慧大敗西班牙的無敵艦隊，很是為英國和伊莉莎白女王高興。

但當我從西班牙的歷史觀點再看這件事，感受就全然不同了。

西班牙國王腓力二世於一五八八年率領「無敵艦隊」，之所以進攻英格蘭，是因爲英國女王伊莉莎白信奉新教，正式建起聖公會教堂。她進一步囚禁篤信天主教的蘇格蘭女王瑪麗，而與蘇格蘭、法國共同大力推行新教。最後，她更處死瑪麗女王、繼續迫害天主教徒，才激起衆怒。信奉天主教的西班牙算是爲天主教徒奮戰。

曾在網路上看過一段短片。影片中，一位高中老師帶了一顆半黑半白的大球，並將學生分成兩組從不同的角度觀看，請他們說出自己看到什麼。當然，站在黑半球那邊的學生，看到的是黑色的球；另一邊的學生自然看到一顆白色的球。站在黑半球那邊的人，第一時間聽到對面的人說這是顆白球，一定覺得不可思議、不可能，這個人是怎麼了嗎？反之亦是。兩邊的同學都不解對方的說法，驚訝地連論辯都覺得沒必要。因爲這是我「親眼所見」呀！

我們多數人必然相信「眼見爲眞」。很難放下自己所見，打開心胸去探索和自己意見不同的人是怎麼回事？以致不太容易想到，對方可能因所站位置不同，而和自己眞的看到不一樣的東西。

影片中，老師將這黑白各半的球轉了個方向後，所有學生都笑了……

在不同時空或角度位置，非常可能看到不同的事物。具體的一顆球都如此，更何況人們內在的信念、情緒和經驗之差異，造成對事物的看見、理解與詮釋，差異更是大到難以想像。

這深刻地提醒我——人世間大大小小的事件，很難眞去論斷對錯、好壞，全看你站在何種角度與位置。

4 眼見真的為憑嗎？——放下主觀理解，才能遠離謬誤

電影《搜索》的故事起始於：一位戴著摩登大墨鏡的妙齡女郎，搭公車有座位坐。之後，上來位老人家站在她身旁，搖搖晃晃的。同車也站著的大嬸看不過去，出聲要主角墨鏡姐讓座，然而她只望著車窗外出神，完全不予理會。大嬸火了，說話越來越不客氣。墨鏡姐似乎鐵了心，說什麼也不讓位，最後還傲慢地回應：「要坐，坐我腿上呀！」

剛好車上有位實習記者，當場錄下全部過程。這錄影拿回電視臺，播出後馬上成了熱門頭條新聞，還放上網。接著，電視臺製作了評論性單元、現場 call in 節目，更訪問路人、教育人員……網友們瘋狂點閱、發言指責、人肉搜索，於是好戲開始！

但這引起公憤事件的背後呢？

看電影的觀衆心情可就很複雜了。因爲影片開頭有一小段引子：這位主角墨鏡姐搭車上班前，先到醫院去看自己的體檢報告（從對話中得知，她原只是因續保而去做健康檢查，院方發現嚴重狀況，通知她到醫院看檢查結果）。醫生一見到她，先問有沒有家屬陪同。然後，面色凝重地拿出診斷書，簡單解釋病情，囑咐她七天後必須住院治療，並要她利用這七天安排一下工作與生活。千萬不能拖，因爲她罹患的是惡性淋巴癌末期。

隨著劇情鋪陳，觀衆更瞭解墨鏡姐自幼父親早死、母親改嫁，獨自努力奮鬥才終於在上市大公司當了董事長的第一特助，即將開始「美好」的人生。這突然的噩耗，打亂了墨鏡姐運作正常的一切。

看完電影的我，也剛經過罹癌的治療過程，病情雖沒墨鏡姐嚴重，卻很能體會她的心情。

我設想，坐在公車上的她，整個人正被震驚、無法接受的情緒籠罩，腦中不斷重複出現著這些聲音：「我不甘心！這太不公平了！老天爺怎麼可以這樣對我？這世界根本沒有公道，每個人都可以活得這麼好，而我呢？我該怎麼辦？」

在這樣情緒與思緒下的人，還理會什麼讓坐不讓座呀！對她而言，人生根本是個大笑話，管什麼老人有座位、沒座位，管你們罵我什麼。我都要死了，還不能撒個野嗎？或者那不甘、不平的憤怒投射出去，她心中飆罵著髒話，想要大家一起死死去吧！（當然，以上是我個人試著推論和模擬出的主角心境。）

電影中還有另一段同樣是因「看見」而產生誤會的情節：

主角墨鏡姐回到公司，立刻進老闆的辦公室想借筆現金（她承諾之後以股票、基金償還）和請假。她不想明說自己發生了什麼事，但老闆的關心問候，讓她忍不住哭了起來。老闆很自然地遞上面紙並拍了拍她的肩。好巧不巧地，原與墨鏡姐關係挺好的老闆娘，就在這時開門進來，看到這狀似親密的景象，立刻氣得轉身離開。尤其，老闆娘一回家也在電視新聞裡看到那段公車上的影片和相關評論，立刻將兩件事湊在一塊兒，更認定墨鏡姐是個沒良心、忘恩負義的女人。於是，她決定匿名向電視公司密報：墨鏡姐不但是個冷血沒同情心的人，還是個搶人老公的「賤女人」……

公車上看到的情況確實是「真」，老闆娘看到的那一幕也是「真」，親見這

「眞」而如此理解，也難說是一種曲解或偏見。但知道來龍去脈的觀衆，所看見的「眞」可就不太相同了……

這部電影討論的議題很多，像是網路、媒體的弒血殘酷、企業界的明爭暗鬥、大老闆的婚姻問題、患難間的短暫愛情，以及人性的黑暗面——虛僞、算計、不安等等。但我卻被這關於「看見」的劇情深深震撼，一股難受的感覺如鯁在喉，久久吞嚥不下去。

每個人都會以自己當下所見所聞，配合得到的有關資訊，再加上個人過往相關的經驗，還有社會文化的規範標準，非常主觀地加以評斷批判一個人、一件事。可嘆的是，既然有眼見的「眞」爲憑據，人們必然容易忽略事情的整體脈絡和他人內心深層的情緒作用，以致無數的悲劇於焉發生！親眼所見都能有如此大的誤解，更不用說沒親眼看見的事情，若還加上主觀的推論與歸因，將會產生多大的謬誤。

清明覺察實在不易呀！

讀到這裡的你，又在這兩段劇情中「看到」些什麼呢？

回到我的助人工作者角色。我自勉：在聽所有當事人的故事時，都必須先暫時放下自己的個人經驗與專業知識。讓自己安在此時此刻，專心且帶著關心與耐心細細探索（當然不是搜索）當事人背後屬於他的完整人生故事。

若當事人還不想或無法說出內心苦痛與糾結時，要切記絕不能只憑所見、所聽（間接的當然更不行了），就私自去建構他的故事。對他人的情緒理解更是如此，才能維持彼此間的聯繫與關係。

第七章

尊重獨特性、包容個別差異

1 你真的「知道」人人大不同嗎？

有一年冬天，在一座天主教堂的美麗庭院中進行觀察式的靜心活動。我放下忙碌的大腦運作，細細觀看、輕輕觸摸各種植物。這時，我才第一次真切地發現，即使是一棵小樹，每片葉子的紋路和質感都不完全一樣，更不用說不同株或不同種類的葉子了。

當下，胸前立即湧上一股熱流，那是對這世上所有獨一無二的生命，所產生的無限感動和崇敬。而擁有奇妙身體與精緻大腦構造的人類，每個個體的差異更精細到，幾十億人口幾乎沒有重複的指紋和DNA。

然而，平時我們想到個別差異的議題時，卻常如罹患嚴重的失憶症，完全忘卻這樣的事實。最多只記得人在智能上的不同，個性特質、情緒模式、生活習性、價值觀和生命態度等差異，很難直接進入我們的意識層面，更難在人與人互動時，認眞考量到每個人都完全不一樣。

不過，即便是在智慧、能力上的個別差異，我們的理解也比實際上簡單許多。

以哈佛大學心理學家霍華德·嘉納在一九八三年提出的「多元智慧理論」來看，他指出人類智能至少有八種：語文、音樂、邏輯—數學、空間、肢體動覺、人際、內省、自然觀察。每一種智慧都不同於其它七種，具有獨特的思考模式；每個人的八種智慧也都高低不同。只就這個多元分項，每個人智慧的組合差異就很大。而且，嘉納還認爲這些智慧彼此不是獨立個別運作的，而是以同時並存、相互影響補充、統合的方式運行。以致每個人的智能樣貌千萬樣（還不包含後天環境刺激和訓練、人格特質和態度對智慧實踐的影響）。

而某項智慧較高者，通常很難體會智慧低者所遭遇到的困境。

像我的「肢體動覺智慧」特低，讀師專時很是痛苦。因爲當時「體育」也是師資培育必備能力之一，須通過基本考評才能及格畢業。我的體育老師看我其他學科各方面表現都算優異，卻爲了要通過體育能力檢測，常天未亮就含淚到運動場上苦練，仍無法有明顯的進步（那淚水包含：練不成的挫折感、早起和運動的痛苦、被男同學嘲笑的羞恥感）。老師總是帶著既疑惑又同情的表情，以低標勉強讓我過關。

畢業多年後，我成爲那位老師的同事。一次聊天，說起我體育方面的無能爲力，他率直地坦承自己之前確實難以理解。我用「智能障礙」來解釋，才讓他略微領會學生們在體育能力上，也如其他能力般有這麼大的落差。那時，他已教學快二十年了！

氣質組型，天生有異

人在個性特質上的差異，比智能的差別更大也更複雜。我要先談談氣質論，人們特別容易輕忽個性上的天生差異，而此理論目前已有許多研究支持，並得到學界接受。

所謂的「氣質」，是指人們對內在或外界的刺激，具有先天決定的反應方式（內在刺激，多爲生理上的變化，如肚子餓、身體疼痛等）。目前發現，至少有九項氣質特性，可以透過強弱線性向度表示。也就是說，人人在這九種氣質上具有各不相同的強度，並以此組合成獨特的天生個性組型。這九種氣質爲：活動量、規律性、趨避性、適應性、情緒本質、注意力、堅持度、反應閾、反應強度。

以幾個向度爲例，說明如下：

「規律性」：指一個人作息時間或量的規律程度。規律性較強，表示這個人有較規律的生理時鐘，固定時間睡、醒、排泄，睡眠，吃東西的量也較爲固定。相對規律性越低，在各方面就越不規律。

「反應閾」：指引起人們某種反應所需要的刺激量。具體一點來說，就是要用多大的力量打一個人，對方才會感到痛。反應閾越低的人，只要輕輕碰就能引起痛的感覺反應，也就是對外界的刺激越敏感，容易接收外在各種狀況並受其影響。例如，母親稍微露出懷疑的眼神，反應閾較高的人可能根本沒注意到此訊息，自然不會有所反應；反應閾低者就會因這很小、很短的刺激，產生不被母親信任的感覺。不過，反應閾包括聽、看、嘗、聞、觸覺和社會覺（對他人的態度、情緒等部分的察覺力），一個人也不一定每種「覺」都偏低或偏高。

「情緒本質」：指一個人一天清醒的時間中，表現正或負向情緒比例的多寡。此氣質向度以正負程度來描述：有人每天都正向情緒較多，我們便稱其情緒本質較正向；負向情緒較多，則說其情緒本質較負向。所以，確實有的人天生就比較容易開心、快樂，有人生來就常處在憂鬱、悲傷的情緒中。

「反應強度」：指一個人在動作、語言、情緒表達上，反應強度的高低。例如，兩個年紀相仿的嬰孩，假設他們肚子餓的程度也相同，但可能一位反應強度偏強，哭得很大聲；另一位反應強度屬於弱的那一端，就哭得很輕聲。因此，通常反應強度激烈的，其情緒和需求很容易被察覺和注意到，快速得到滿足的機率自然較高，反之就很輕易會被忽略。

「堅持度」：指正在做或想做某件事，卻遭到阻礙時，克服這阻礙而持續下去的程度。我個人認爲，孩子的這項氣質相當影響父母教養的難度。乍看之下，這向度較高者類似挫折的容忍度高、堅毅程度強。這不是很棒？沒錯，堅毅的態度可能比聰明、有能力更是成功的要件。可是，若從教養的角度思考：當小嬰孩要去做件危險或不應該的事，父母阻擋他（一定要的呀！），堅持度高的孩子會很努力去克服「阻礙」，企圖堅持去做。小嬰孩如何堅持下去？自然是大哭大叫、拳打腳踢、在地上抓狂式地打滾耍賴，而且持續很久。可以想像了吧！有這樣的小孩，父母需要多大的耐心和智慧才能應付呀！

氣質向度只是代表一個人的天生傾向，當然沒什麼好或不好之分（也不該有），可是我們也需要理解，在與人互動或應對行事時，天生擁有的氣質組型扮演著舉足輕重的角色，更會影響別人對待自己的方式。特別是出生後的頭幾年，更是如此。

雖然我相信天生帶來的一切，可以靠後天的努力而有所調整和改變。但我們也不可輕忽，氣質組型在初生之始，就會以某種程度左右父母與其互動的品質、對待的態度與方式。而原有的氣質特性，也因與他人交互循環作用，形成更爲固著、難以改變的「本性」。如情緒本質負向的孩子，老是表現得不快樂，接近他的人也容易扳起面孔，開心不起來，彼此的互動關係就容易變得越來越差了。

孩子若屬規律性偏低的氣質，對生活忙碌緊湊的父母而言，安排生活作息自然較爲困擾。進入學校後，即便是幼兒園都會有或多或少的定時定量活動課程與點心，規律性較低的孩子，適應上則容易面對較多挑戰。

每個個體除了先天上極具獨特性外，更須考量成長過程中的各種經歷，以及先天、後天多重交互作用所造成的差異。

這樣細談個別差異的概念，希望凸顯兩個涵義：一是，既然人人都大不相同，那每個個體的存在，必然都具有其獨特的價值和意義，值得尊重；另一個則是，人有這麼大的不同，要能眞正懂得他人，是非常艱難的任務，平時也無法只用「將心比心」來瞭解他人，因「我心」和「你心」差別可不小，如何類比？

於是，人與人想要和諧相處、維繫各種親密關係，就必須建立在更寬大和包容的態度上，更要能夠放下一些自己主觀的經驗和立場，並且願意且用心地傾聽和瞭解他人，才能達成。

2

正視個別差異

——接納每個孩子都不一樣！

上一篇談到人類具有超乎想像的個別差異。因此，在與人相處之際，我們必須時時覺察人人大不同。而人的差異這麼大，要懂得他人並非是件容易的事，必須放下自己的主觀經驗和立場，才能達成。

爲人父母者，尤其有不只一個小孩的父母，教養上的困難之一就是無法眞正接受，更不知如何對應孩子間的不同。例如，常有母親向我抱怨：「眞搞不懂，兩個孩子明明都是我生的，也都是我親手餵母奶拉拔大的，怎麼脾氣差這麼多？這老二，我根本快管不住了，什麼事都要唱反調。他怎麼不像哥哥那樣聽話呀？眞懷疑是不是在醫院生產時抱錯了孩子！」

不能理解孩子個別差異的「現實」，因材施教的理想自然就會成爲空泛的口號。

疏忽孩子天生特質的後果

就拿一個令人扼腕的家庭故事來舉例：父母原本擔心大女兒的散漫隨性，之後卻演變成爲個性相反的二女兒煩憂。

小姊姊樂樂，從小就是個快樂的傻大姐，個性相當大而化之，做事沒常性。明明看著電視，一轉眼卻又玩起積木。上小學後，學用品、作業經常丟三落四；上課容易分心，一會兒和同學說話，一會兒玩偷帶的小玩具。最讓父母焦慮的，是她那什麼都不在乎的態度。學業方面，因樂樂夠聰明，除了粗心會影響些分數，成績表現還算不錯；但對老師的要求，甚至處罰，她也一副無所謂的樣子，實在讓大人們生氣。父母傷透腦筋，檢討自己的管教後，認爲是太過寬鬆所致，於是決定改用嚴格的方式教育孩子。

小姊姊五歲的妹妹愼愼就不一樣。做事很有紀律、很細心，也很遵從大人們的要求和期待，各方面都表現得乖巧聽話。一開始，父母相當欣慰，認爲是即時調整管教方式之功，讓老二不會出現姊姊般的問題。他們甚至有些懊惱，後悔自己該在樂樂小時候就嚴格以對才是。但等老二也進小學，事情就不太對勁了。

慎慎對上學很是焦慮不安，怕自己忘了帶什麼或犯錯被老師處罰。每到了月考，常緊張到瀉肚子，還說寫考卷時會怕得發抖。升三年級時，換了個要求比較嚴格的老師後，慎慎的情況變得更嚴重。有次忘了帶當天要繳交的習作而被責罵後，每天早上起床都哭哭啼啼，說什麼也不願去上學。

聽到這眞讓人不忍，這是一對多麼認眞、負責的父母，他們勇於檢討並確實修正自己的管教方式。只因爲疏忽兩個孩子天生特質上的差異，最後需要承擔如此的挫敗，而兩個孩子也因此多了一些不愉快的成長經驗，特別是妹妹。

雖然先天氣質並非不能藉由後天努力教育而「改變」，但那必須確實做到「因材施教」的呀！之所以要「改變」，並非表示先天所擁有的氣質有什麼不好或不對，而是隨著年齡增長，人們要接受某種程度的社會化，以適應團體生活和外在環境。因此，對原本的氣質表現，如過於好動、反應強度過強的特性，須略加控制或減低；有些如規律性較低、注意力易分散等特質，則須建立或強化其規律性和注意力。

很明顯地，這對姊妹花的個性相當不同：樂樂可能眞的需要較嚴謹地訓練規律性和集中注意力，並要引導她敏察他人的情緒和要求；妹妹似乎本來這些特性就過強了，該要淡化些，想要用該是對待姊姊的方式來教育妹妹，自然會產生反效果。當然，在家庭中要施行不同的教育方法，對父母仍是智慧的大考驗。

向孩子學習，自己更完整平衡

在父母親面對自己的小孩時，常常超級難以接受「每個人都是獨特的個體」這個事實。

出於身體因素，我只生了一個女兒，無法體驗教育不同個性子女的困難，卻也面臨了個別差異的挑戰，因爲我有個和自己差異很大的女兒。

她小時候長得一點也不像我（還好，她超像我先生，不然問題可大了）。帶她出門，常遇到同事鄰居帶著懷疑的眼神對我說：「這女孩眞漂亮，但不像妳呀！眞的是妳女兒嗎？」這總是讓我遭受嚴重的雙重打擊。

我們母女外表的差異已使我感到挫折，隨著她一天天長大，更發現她的主要興趣、能力傾向、個性脾氣也和我迥然不同。例如，她對我準備的好幾套優質兒童繪本興趣缺缺，只要我講故事給她聽。但是，她超愛我最不拿手的剪貼、勞作，更早早就會使用安全剪刀。她小學階段的勞作作品，多因做得好而留校展示。我這本身擁有三面放滿書的書房且愛書如命的母親，每當聽到「專家學者」說：「養成孩子愛閱讀的習慣，父母不但要安排讀書的好環境，並須以身作則。」就讓我既不安又無奈！

在教養女兒成長的過程裡，不但要勉力接受「女兒雖是從我身體孕育出來的，仍是不同於我、也不屬於我的獨立個體」這個事實，更要費心地去瞭解與接納她不同於我的特性和思緒。

所幸，我的學習和工作可以直接幫助我，順利地因應這份比較艱難的母職角色，更深刻地親身試驗和不同個性子女的相處之道。在慢慢相互磨合的過程中，我不自覺地向女兒學習，而釋放了原先壓抑著的隨性、放鬆等特質，讓自己更爲完整平衡；女兒在我的教養下，也有了像我的部分，甚至連長相亦漸漸和我有些神似。

即使父母和孩子非常相似，若忽略孩子獨特的需求、親子世代間的觀念差距、各個年齡階段的發展任務不同，就容易以自己的主觀經驗和方式提供關懷與管教，以致孩子難以收到父母的愛，更會負向地影響親子間的互動與關係。

此外，父母更要小心「比較」的問題。

既然人人不同，「比較」兩個本質不一樣的人，是很沒有意義的事。但在我們的文化中，很迷信「比較」是激勵孩子的最佳利器。除了自己的孩子要互相比較：「你怎麼不像哥哥一樣用功？」「妹妹都可以做到，你爲什麼就不行？」還要和親戚、鄰居、同事的小孩比，比成績、比才藝、比乖巧，甚至比起身材、打扮。這其實是既殘忍又傷人的教養方式。

我的博士論文做的就是有關嫉妒情緒的研究，發現臺灣手足間的嫉妒情形相當嚴重，造成個人很長遠的負向影響。而手足嫉妒的成因，除了父母明顯的偏愛之外（其實，會偏愛通常也是相對比較的結果），即是來自父母忽略子女的個別差異，輕易使用「比較」策略所造成。

「每個人都想接受獨特的對待，並希望保持自己的發展空間」，對父母而言，提供孩子這樣的成長環境，不是件簡單的功課。但父母若正視個別差異的議題，且實踐因材施教，要成功完成親職角色、擁有美好而親密的親子關係，就是件可期待的事了！

3 有教無類VS.因材施教

我自國中畢業考進師專開始，接下去的求學與教師工作生涯，全都在師資培育的校園中度過。即使現在已從學校退休，心理諮商的相關工作也仍與教育關係密切。四、五十年來，我時時反思著，如何落實兩個狀似矛盾的教育理念：一個是「有教無類」，是早在兩千多年前，至聖先師孔子就對為人師者提出的教誨，要以沒有分別心的態度對待每位學生；另一個則是重視各個孩子的不同，落實「因材施教」的精神。

工作多年後，我才慢慢體悟到這兩個觀點其實並不衝突、矛盾，而是一體兩面的。不論人與人之間有多不同，我們尊重每個獨特的個體，也包括尊重每個人的差異。所以，除了必須對每個不一樣的人一視同仁、平等對待，施教者更需要因人而異，提供適性的教育。

因此，我認爲要落實有教無類、因材施教的基本精神，自當以尊重爲核心。而表現尊重最根本的就是：視每個孩子都是獨一無二的個體，並用心認識、理解和接納他們。

可惜的是，人們在「社會認知」上具有偷懶的慣性，常在與他人互動時，會快速以某一凸顯的特性、先入爲主的觀點或刻板印象（指對某一類別或族群的人都給予固定的看法）去認識對方，並就此簡單的資料與之應對。如此一來，既無法眞正平等對待他人，也不可能因材施教。

女兒自小就長得比同年齡的小孩高大，初見面的人多會誤以爲她比實際年齡大個一、兩歲。我很早就發現到這樣的誤會，讓女兒遭受了很多委屈。

記得有一次，跟幾個好友的家庭一起去郊遊。那時女兒三歲多，同行朋友的孩子也都差不多年紀。大部分的孩子走了一段路，就會要求父母抱，不肯自己走。不久，我女兒也撒嬌要我抱她，我正想鼓勵她自己多走一會兒，同行友人的先生抱著已四足歲但身材較爲小巧的女兒，也過來幫我「激勵」女兒：「妳這麼大了，還要媽媽抱，羞羞臉呢！」這位父親應該是知道我女兒年紀與他女兒相仿，而且還小上幾個月的，只是個頭高，卻仍因此「誤判」。

一般人或許難免誤判，但我萬萬沒想到，女兒的老師對同樣讀大班的孩子，竟也會產生這種錯覺。有一天，女兒的幼稚園老師帶著歉意對我說：「我發現自己之前對妳的女兒常過爲嚴格。因爲我一直誤想成她比較『大』，該比其他小朋友成熟懂事，怎麼也做那些幼稚的行爲。昨天才突然驚覺，不對呀！她和其他孩子是同年齡的。」

我並不怪這位老師，還非常敬佩她。她勇於自我覺察、反省，並能誠懇地向家長承認錯誤，絕對是位很棒的老師。

不過，這樣的經驗讓我更加明白，即使是受過專業訓練的老師們，要做到眞正瞭解每個學生並因材施教，又同時能有教無類，是多不容易確切實踐的事。

危險的心理慣性

在美國，有個「以貌取人」的社會心理學研究。研究者展示很多張小孩子的照片，然後敘述某個偏差行爲，如虐待小動物；或闡述一項優良表現，如樂於助人。研究者要求參與研究的受試者，以照片判斷是哪位孩子有此正向或負向行爲。

研究結果顯示，受試者選出的照片，不論性別、膚色、長相、髮型，一致性都很高（在此賣個關子，讀者可先自行在心中形成「壞」小孩和「乖」小孩的樣貌，再繼續讀本文）。即使參與研究的受試者爲小學老師，結果也是一樣。

大人們輕易地認定，虐待動物是皮膚黝黑、身材較瘦小、單眼皮的男孩；樂於助人的模範生則多爲皮膚白晰、五官清秀、留長髮紮辮子的女孩（和讀者你剛剛想像的樣貌類似嗎？）初看美國這樣的研究結果，我馬上默禱：這只是國外的情形，我們不致如此吧！我不願相信人們——特別是小學老師們——全都是外「貌」協會的會員，更別說對象是天眞無暇、還無法爲自己外表負責的孩子。但人的心理慣性是殘酷的，我不得不面對，不是嗎？若眞要我選，我可能也會做同樣的選擇。

但我可以拒絕做這樣的選擇、可以質疑做判斷的訊息太少。我不認識，更完全不瞭解這些孩子，如何能以一張照片來認定誰做了什麼？你一定也可以不那麼快地進行研判。要多觀察、多傾聽這些孩子，而且相信虐待過動物的孩子，也可能去幫助同學，也會做好垃圾分類，更會喜歡畫畫和講有趣的腦筋急轉彎。（所幸，這樣的研究若改用大人的照片，要受試者選出「好人」或「壞人」，研究結果就不會有如此恐怖的一致判斷。）

另一個古老的「自我應驗預言」研究，其過程和結果更是讓人心驚！

研究者直接進入學校現場進行研究。開始時，他們爲所有學生實施智力測驗，但沒有告訴老師實際施測的結果，而是隨機式地告知老師，某些孩子智商高，某些孩子比較低。半年後，再對同樣一群學生做智力測驗。非常不可思議的是：不論學生原先眞實的智商是多少，老師認爲智商高的學生們，再次施行的智力測驗分數都有顯著的提升；而老師認爲智商低的孩子們，則都退步了。

研究者進一步分析這半年來的教學錄影帶，發現老師在對待被告知爲高、低智商的孩子時，態度非常不一樣。那並非是所謂的「因材施教」，而是無意識地傳達「你很聰明、我很期待你的表現」或是「你很笨、我很同情你」的訊息，並透過行動來促使這樣的相信「成眞」。如在解答習題時，給聰明的孩子更多暗示、機會，使其容易成功作答，以符合老師已知的印象；但對低智商的孩子，則很快就放棄讓他們嘗試、修正答題，甚至直接幫其作答。於是，孩子準確地接收了這些「預言」，且實際去

「應驗」了。後來禁止再進行這類研究，因為被隨機歸為智商較低的孩子，無辜地被此「研究」犧牲了。

我認為值得深思的問題是：老師們何以那麼相信智力測驗結果，而不信任自己之前對學生學習狀態的觀察和瞭解？就算認為智力測驗是客觀、有信效度的，而自己的判斷會太主觀，老師該做的也是根據學生本身的能力，給予適性的教材和教法。如此一來，每個孩子應該都會有進步，不會形成這樣可怕的結果。

受過完整、嚴格訓練的老師，仍然逃脫不了人類知覺的弱點，無法運用自己的專業正確評估孩子，再提供最適合此學生的教育方式，這實在讓人既悲傷又無力！不過，從正面思考的話，多虧很早之前就有這樣的研究發現，能時時警惕為人師者，克服自己的限制，進一步成為良師。

謙卑地承認我們在瞭解他人上的限制吧！且認眞面對這個事實：人們個別差異之大，超乎自我意識層面，無法時時覺察。因此，我們必須刻意用心地保持較為客觀的精神，和每一個個體互動。並以崇敬的心，看待人們獨特性的崇高價值！

4 以尊重與信任化解人們的歧異

將愛、尊重與信任栽種進人們的心中，讓向善的種籽能好好成長、開花結果，就能成就一座綠意盎然、五彩繽紛的美麗花園！

不過，人類具有很大的個別差異，行爲、想法、情緒因應各不相同。這些差異是否使人與人之間互助合作的相處，變成一件高難度的事？如何保有個人的獨特性，又能建立和諧美好的人際關係呢？我想，健全的民主制度是唯一的答案。而民主要能落實，關鍵因素則在人與人相互尊重的態度和協調溝通的能力。

而這種態度與能力，必須自小培養起。

尊重，從小培養扎根

記得女兒讀小二時，有天回家很興奮地告訴我，今天他們的閱讀課沒到圖書室看書，而是全班留在教室裡辯論。原來，他們在走廊排隊準備去圖書室時，排在後面的小個子同學抗議，每次都是他們排在後面，常常前排同學走得太快，他們跟不上，所以應該要讓他們排前面才對。前排同學不以爲然，覺得自己走在後面的話，容易踩到矮個子同學的鞋子，且整個隊伍一定會走太慢。

兩邊爭論不休的情況下，老師決定帶全班回教室開一場辯論會。主題就是：「排隊時，該高個兒排前面，還是矮的在前面？」兩邊充分發表意見後，用表決的方式做最後決定，結果贊成矮個子排前面的居多數。

我問女兒：「妳是高個子呀！你們辯論輸了，妳怎麼還這麼開心？」她以一副大人的口吻「教訓」我：「我覺得他們說得也很有道理呀！而且老師說，兩邊都說清楚了，就要少數服從多數，妳連這個都不知道呀！」

充分表達意見，也聽取別人的看法，然後遵循少數服從多數決議的規則，這儼然就是一堂超優質的民主課程！

另一次，女兒學校舉辦班際說故事比賽。根據我的經驗，通常是由各班導師選出最優秀的一位學生代表參加，尤其低年級的班級更是如此。但女兒的老師挺另類的，她宣布要先舉行班內的說故事比賽，所有想代表出賽的小朋友，都可以準備自己要講的故事，週六班會時（那時尚未施行週休二日）一一上臺講故事，再由全班共同投票，評選出代表者。

女兒回來，興致勃勃地要我陪她選故事和練習說故事，一副志在必得的模樣。我在心裡嘀咕：「小朋友怎麼會選呢？選出的代表能贏得好成績嗎？這樣不會造成不公平和過度競爭嗎？沒選上的小朋友會不會產生挫折或妒忌心理呀？」沒想到，事情的發展好得出乎我的意料，更顯現當時的我心胸有多狹窄，小看了孩子們的眼光和氣度，且無謂地過為擔憂。

週六下課，女兒蹦蹦跳跳地開心走進家門時，我還以爲她被選上代表出賽呢。於是安心聽她細述過程：「有七位同學上臺說故事。我講得很好，同學都用力拍手。可是其他同學也講得好好聽。後來，大家舉手投票，××得到最高票。」聽到這兒，我既困惑又不解，心想：「別人選上了，妳高興什麼呀!?」她沒察覺我疑惑的表情，繼續說：「老師說，××是大家選出來代表全班去參加比賽的，所以我們要一起幫忙，提出她哪裡說得好，哪裡要再改進或加上什麼，讓她講得更好。很多同學都有提意見耶！我也有說，要在講……時比個手勢，××和老師都覺得我提的意見很棒，有加進去喔！」

看著女兒眉飛色舞地講著，我全懂了，且感動得說不出話來。這是多麼寶貴的一次經驗呀！對女兒是，對我何嘗不是！

老師尊重每位小朋友代表參賽的意願和權利，並給他們表現的機會，更充分相信每個孩子有判斷、選拔的能力。而且，最後讓大家共同參與討論，眞是個畫龍點睛之舉，不但凝聚全班的士氣和情誼，得勝的同學可以學習勝不驕，謙虛地接受他人的意見；其他同學也可以學習欣賞別人的優秀與美好，見賢思齊但全然不會感到失敗的挫折。至於這位小朋友出去參賽的結果，早已不重要了。

我和女兒非常幸運，能遇見這樣有智慧且勇敢不怕費事的老師，若每位老師都如此施行教育工作，努力傳達民主精神並引導實踐，那臺灣的社會必能讓民主制度扎根。

女兒之後的成長歷程，一直擁有欣賞他人才華和成功的胸襟，少有強烈的嫉妒情緒，更勇於面對自己的挫敗。我認爲小學的這些經驗，占有重要的啓蒙地位。當然，我這做母親的，同樣在這過程中受教，得到深刻的體悟。

這讓我理解到，在尊重與相信人們具有自我實現潛能的精神下，自然願意認眞傾聽他人不同的意見與看法，也比較可以虛心檢視自己的觀點，因此有機會學習如何進行良好溝通和協調的能力。

以愛與關懷，讓內在本然美好的種籽發芽茁壯

我因自己從事諮商工作的經歷，對生命抱著崇高的敬意，深信人類生來就具有無限潛能。不過，這種可以因應人生各種挑戰及朝正向成長的能力，是以種籽的形式存在的。也就是說，它需要在有充足水分和豐厚養分的環境下，才能向上成長茁壯，長出一片屬於自己的美麗樣貌。對人類而言，那些水分和養分，就是關懷與愛。

人類雖帶著這些可貴的種籽出生，但相對於其他生命，初始的一、兩年是相當脆弱的，需要依賴有能力者的養育才能存活。這樣的生物機制，造就人們擁有與人連結的本能和需求。而爲了便於完成人類繁衍與傳承的使命，也形成了相互支持、合作、共享資源的社群結構。

也就是說，只有在充足的愛之下，人類本然的美好特質與能力才能順利發展，也才能建立祥和的民主社會。

《愛的藝術》作者佛洛姆認爲，「眞愛」的首要條件就是——尊重，尊重對方是個獨一無二的個體。而愛、尊重與信任，只能透過潛移默化的態度與身體力行的示範傳遞出去。現實生活中，我們不可能要求所有父母做到這點，卻可以期待教育工作者都能具備此民主的核心素養。

5 婚姻中以「真愛」包容差異

從個別差異和尊重獨特性的觀點，討論人際互動及親密關係議題時，最困難的莫過於婚姻中的夫妻關係。這是唯一沒有血緣，卻需要同眠共枕數十年的超級特殊關係。夫妻兩人既沒有遺傳上的相似性，在形塑人格的核心階段又處在相當不同的環境，且由個性迥異的重要教養者帶大。可想見，婚姻中兩個人的差異是多麼可觀呀！

一對夫妻在廚房中爭辯：「妳這樣做，這肉怎麼吃呀！我媽都是先川燙再紅燒。」「可我們家都直接弄呀！加一道手續多麻煩，既浪費時間又耗瓦斯，從小我就吃這樣做出來的紅燒肉，還不是健康又美味！」

朋友曾在聚會中，告訴我們一個特別的經驗：

新婚不久的她，有一天趕上班，臨出門前發現襯衫袖口的釦子快掉了，就請還有一小時才須出門的先生幫忙縫兩針，沒想到他生氣地斷然拒絕。她只好忙亂地換上另一件，心中罵著：「什麼嘛！眞是超級大男人，回來再跟你算帳！」那天回家，先生立即抱歉地跟她說：「我們家有個習俗：幫別人穿在身上的衣物縫紉，是會倒大楣的，所以早上你要我幫忙，當下第一個反應就是覺得妳怎麼可以叫我做這種事，很過分。後來才想到，妳可能不知道有這種禁忌，對吧？」

在場的友人聽到這事，全都驚呼：「眞的從沒聽說過呢！」朋友說：「是呀！我當時還想，你唬弄我！後來偷偷向婆婆證實，眞的有呢！」

有位妻子在聽到新奇有趣的事情時，習慣以口頭禪「眞的嗎？」回應。這是她自小學習表達「哇！好特別喔！」的讚嘆方式。但先生的家庭不一樣，非常在意必須以肯定語句回應，不可以用這種類似質疑他人的問句，這很沒禮貌。因此，先生每每聽到妻子說「眞的嗎？」感覺到的就是妻子的質疑和不信任。使得每次原本愉快的互動，最後總變成以吵架收場。

夫妻雙方的原生家庭都有各式各樣獨門的做事方法、溝通習慣、傳統信念。因這樣的差異造成衝突和誤解的例子，多得用一本書也談不完。

我的婚姻經驗也一樣。先生是土生土長的臺灣澎湖人，而我的父母則都是年輕時從中國跨海來臺，是所謂的外省家庭。雙方生活上的差異相當驚人，使得婚後謀合的過程「精采」萬分！

而在原生家庭中所形成的個人議題，對婚姻關係更是影響深遠。

例如，妻子的原生家庭裡，母親的情緒起伏很大。不要說頂嘴了，只要孩子提出和母親看法不同的意見，就常引發母親歇斯底里的憤怒。孩子們不只被嚴厲責打，甚至會被視爲忤逆長輩而遭趕出家門。因此，妻子很怕與人有歧異，更覺得被人指正或對方直接表達反對意見，一定代表自己很糟，是很可怕的狀況。

先生的家庭則剛好相反。任誰有不滿或不同看法，都可以立即說清楚並明快地討論處理。因此，每當先生很自然地直說些不贊同的話語時，妻子立刻升起強烈的恐懼感，完全無法接收，只能選擇逃開。先生不解這是怎麼了，這時若又把妻子轉頭離開的行爲，解讀成冷漠、不屑聽他意見，將很容易造成兩人關係上無法彌補的裂痕。

男女溝通、表達大不同

在異性戀的婚姻中，夫妻間另一個差異來源，不可避免的是性別上的懸殊。大腦研究已發現，男女腦部確實有些不同，影響了情感反應和處理事情的方式。（當然，此現象的因果很難定論，也可能是因應長久以來男女分工的狀況演化而成。）而社會文化長期對男女教養、期待和要求的明顯差異，更形成「男人來自火星，女人從金星來」的大不同現象。

例如，妻子正賣力清掃家裡，發現先生悠閒地觀賞電視的球賽轉播，忍不住內心的不平時，常會這樣說：「你『從來都不會』主動做家事，這家不是你的呀？還要我『求你』嗎？」這時，男人繼續盯著螢幕，頭都不轉一下，冷靜地回應：「我上禮拜才修過馬桶，上上禮拜有換客廳的燈管，假日也都是我洗碗的。」這對話顯現出男女在溝通上的差異。

女性的社會覺閾值平均較低，容易被牽動，以致在溝通上，比較會用帶著情緒的口吻和誇張的詞語；男性在口語應對上，通常較為實事求是，喜歡說具體、理性的事實。因此，男性也就比較難聽出女人語意背後的情緒訴求。

溝通上，這樣的不同將造成更嚴重的後續效應：女人既然有了「情緒抱怨」，自然不希望只得到就事論事的回應。男人這種說話態度，非常可能讓女人更加生氣或委屈，於是引發女人更多的怨懟和言語攻擊；而男人面對此狀況也覺得莫名其妙：「妳說的『從來』根本不是事實，我提出事證解釋很合理，妳何必如此不理性？」脾氣不好的男人更可能勃然大怒。

情緒感受，特別在表達和因應上，男女也很不一樣。

羅賓．威廉斯主演的老片《美夢成眞》中，男女主角是一對非常恩愛的夫妻，但在一雙青春期兒女車禍過世後，妻子安妮因爲太傷痛和自責（那天她因爲工作，沒有親自開車送孩子上學），憂鬱到自殺未遂而住院。病情略微穩定後，安妮提出離婚的要求，先生克里斯趕去醫院，想打消妻子的念頭。

安妮說：「我們差異太大，無法相處……孩子走了，爲什麼你沒有傷痛？」

克里斯回應：「我覺得應該要堅強，爲自己，也爲我們，我要做個選擇……」

安妮失望地哭著：「所以你選擇要活下去，可我無法……」

四年後，男主角克里斯也在車禍中喪生。安妮因此二度自殺既遂，而落入自殺者死後「地獄」般的世界，永遠無法投胎轉世。在「天堂」的克里斯得知這消息，決定去找尋妻子並救出她。在這艱難的過程中，克里斯想起在療養院的那段對話才覺察，自己雖然深愛妻子，卻一直沒能用同理心去理解她。以致無法在妻子痛失子女時，真實地陪伴在她身旁，與她同心，而讓她孤單一人面對喪子至痛。

我曾多次在課堂上帶學生看這部片，不論看了多少遍，我仍會隨著劇情流淚，感慨人間至情只因情緒表達的差異，兩顆心也就漸漸疏遠了。

因此，當兩人的婚姻關係有了問題，女性通常會因缺乏親密和情感連結而困擾，想更努力地去靠近和拉攏對方；男性則較在意關係中自己無能和不知所措的感覺，因爲這挫敗感會讓他們反而需要暫時逃離關係，更不想面對和應對妻子的情緒和感受。一個人越想拉，另一個人就越想逃。於是，問題越演越烈。

所幸近十幾年來，隨著兩性平權的提倡及兩性教育的努力，性別刻板印象和歧視已逐漸減輕。同時，我更要強調，個別差異絕對遠大於性別差異。

此外，婚姻關係是要兩人攜手共度漫長人生歲月的。這麼長的時間，各自在婚姻關係外的各個方面都會成長或改變，可能更加大兩人間的差異。尤其，缺乏良好的溝通與分享，兩人自然就漸行漸遠了。

所以進入婚姻時，伴侶雙方都要認清並接受這樣的事實：不論相愛多久、認識多深，你們都是兩個很不一樣的人。不但要擴大瞭解對方的層面，包括成長史、家庭生活習性，甚至雙方父母的特質和觀點。更要學習願意傾聽——放下先入爲主及主觀既定的態度，用心去聽。不只聽內容，也要聽背後的情緒。覺察到兩人的差異，或出現不愉快的情緒感受時，一定要勇敢核對，並澄清自己眞正的意思和狀況。

遇到衝突時，要以耐心、包容的態度去溝通（「溝」要「通」，必須有來有往，要說也要聽）、協調（眞的協商，必然要各自讓步，才能有效調整）。至於，屬於個人早年創傷造成的內在空虛和恐懼，則必須個別接受專業的協助，不能期盼在婚姻中由伴侶來撫慰和滿足。

化解兩人的歧異，絕對需要努力修爲自己和不斷練習，而這樣的「願意」，當然是基於夫妻兩人深深的相愛。

第八章

人生體悟

1 人生折返點

某天，與同儕聊到中年的話題，也討論了「人生折返點」的概念。在回家的路上，電影《聖母峰》中最震撼我的劇情浮上腦海：

「那天，算是適合攻頂的天候，但必須在下午兩點準時下山，不然無法於天黑前返回營地。且正醞釀形成的暴風雪可能於傍晚來襲，下山時間若延遲，危險將大增。

「已是第三次參與聖母峰攻頂的道格，在最後一小段路程，體力透支無法再前行。但他不甘心，苦苦哀求已登頂成功折返的領隊羅伯，一定要助他完成心願。他估計以自己的年紀和體能絕對無法再次前來。羅伯禁不起道格的請求，也認爲就只剩一小段路，於是半推半拉地協助道格登上頂峰。

「登頂的喜悅很是動人，然而道格已用盡畢生氣力，再也無力下山。羅伯自然不忍丟下道格一人在峰頂，奮力拖他下山。下山，其實難度及風險更高，且時間無情地流失，暴風雪也提前到來。於是，兩人只能永遠冰封於山上。」

我深刻體會到：人不能一直往前衝，折返點到了，該折返就得折返，否則你會「回不了家」。我也想到——神話學大師約瑟夫．坎伯所說：人生走到中年，勢必要準備「下山」的。

從「人生折返點」或「中年下山」的觀點視之，「攻頂」就似人生追尋的目標和理想，當然要觀察、選擇時機、鍛鍊體魄，適時全力衝刺，期盼自己完成心願，登上人生頂峰。

但是，若時間到了、該折返了，卻尚未能上得了山頂。看著那差一點點的最後一哩路，放不下、不甘願的心，容易讓人不計後果繼續衝刺，所面對的結局卻可能如電影《聖母峰》的道格，得到讓自己與身邊的人都難以承受的結局。

就如人到了中年，需要對自己的各種身心狀況、所處的外在環境條件與限制，以及目前距離目標的實況，冷靜地仔細覺察與評估。尤其，大環境更總是不斷在快速變化。當然，有時確實可以再堅持一下、再撐一會兒，不須輕言放棄。但是做出智慧的分辨與抉擇，是相當重要的。

另者，登上頂峰後，成功的狂喜與傲視群山、高人一等的得意，也常使人流連忘返，遲遲捨不得下山，以致錯過了該折返的時機。那結果可能一樣令人唏噓不已！

但折返、下山的時機與方式到底在哪兒？我們都需要以自己的人生狀況細細體會。

克服疑惑不安，走向圓融自在

自我罹癌起（那年我已邁入五十五歲），開始逐漸調整自己的生活步調與內容，也慢慢清楚知道，該是我人生的折返點了。但那期間，我常有著些許疑惑與不安——不知這路是否走對了？目前真的在折返與下山的路途中嗎？會不會越走離「返家」的路越遠？而折返與下山到底是何意呢？我體會對了嗎？所謂「人生折返點」和「中年下山」到底是要下到哪去呢？

在不斷思索的過程中，我目前理解到的答案是：「爲了回『家』」。而這個「家」的概念有兩層意義。

所謂回家，最直接的說法，是指準備走向人生終點，返回「天家」。因此，折返或下山表示我們需要開始學習——正視與面對死亡議題。

另一個，則是返回心靈內在、澄靜純眞狀態的「心家」。

而這兩個回家的概念，更是相輔相成、相互影響的。

人老了會得人疼還是顧人怨，關鍵就在中年。在中年，我們需要整合自己，往內探究，和我們的潛意識相遇並整合。因爲，當人老了，失去原有的體力、能量、青春、位置、掌控力，又必須面對身體老邁帶來的所有退化現象和更接近的死亡，此刻影響較大的其實是內在的潛意識。若沒有好好向內與過往被壓抑至潛意識的一切「相遇」，讀懂它，並試著認眞面對處理。那我們的意識面，就容易被內心深處潛意識強烈的情緒所反控、反撲。

然而，潛意識不是那麼容易覺察和掌握，特別是過往受各種因素壓抑到非意識層面的痛苦事件。最重要的是「願意」勇敢地去重看並重新理解。有些情緒和渴求需要逐漸釋放；另一些想望則必須受到檢視後重整，甚或要在「下山回家」的途中，繼續實踐而圓夢。

不去觸碰的潛意識裡，充滿了無法掌控的黑暗力量——來自幼年習得的不安與無力感，年老時會變得更強、更大，若隨意展現出來，很容易讓周遭親近的人不解和受苦。例如，我們熟悉的「情緒勒索」「放棄自己」（做很多讓自己更不健康、不開心和受苦的事情）造成自己的痛苦，也讓身邊的照顧者煩惱和憂心。

此外，面對死亡這個人生終點，我個人目前體會到的是，遺憾越少，我們越能坦然接受且平靜地闔上雙眼。外在的人事物多非我們能掌控，只能採隨緣的態度面對。但對我們自己呢？

想起美國巨星丹佐・華盛頓二〇一一年在賓州大學畢業典禮上的演講。他引述一個譬喻：「想像你即將去世，圍繞在你床邊的是自己尚未發揮之的潛力鬼魂、你未曾付諸行動的想法鬼魂、你尚未使用的才能鬼魂；它們圍繞著你，滿懷憤怒、失望和沮喪。它們怨懟地向你抗議：『我們來找你，是因爲你本來有機會賦予我們生命的，現在我們卻得和你一起進墳墓，再也沒機會了。』」

因此，我們離開人世時，若身邊圍著很多這樣的鬼魂，因爲沒有機會好好活過，無法在我們有生之年充分展現它自己。它們帶著悔恨拉扯著你、無望地哭喊，自然使我們滿載遺憾、難以安然地「好走」……

所以，不論是折返或下山，當這新的旅程啓動之後，我們就必須重新調整原本的生活方式。這是中年階段的人生功課。（「中年」是個寬廣且個別差異很大的概念，不僅依年齡而定。）

我這幾年試著練習做這中年邁入老年的人生功課：

其一，逐漸放慢、簡化生活，並慢慢放下外在名利的追尋；將重心轉移在清楚探索後，明白眞正適合自己的生活方式；理解自己眞正的需求和想望，不再僅受制於社會文化的價値觀和他人的期待；應學習遵循自然的律動、回歸本然，做較爲眞實的自己。

然後，再次回顧一生中的「未完成事件／未竟事宜」，嘗試認眞地一一完「形」它們①；更爲接納與整合自己，收編過去否定或忽視的內在特質與能力，並在自己和環境條件允許下，勇於展現它們、讓它們能活出自己，以減少人生的遺憾。

在生活上，我更珍惜身邊的各種情誼，願意多與人親近與連結。最後，要減低執著、打開心房，讓自己逐漸走向圓融自在。

下山需要緩步慢行、重視過程，這些「改變」自然也是循序漸進地慢慢展現……此時我們更必須培養和展現「耐性」特質，也要對自己的人生旅程具有「耐心」。

我目前體會到的是：對自己有「耐性」，勢必要培養更多、更深的「信任」。學習信任宇宙的自然律動、信任上蒼提供的人生挑戰，而能臣服與欣然接受。尤其，要信任與相信自己，跟隨自己內在的聲音。當然，也包括對自己情緒的起起伏伏，以及對不時會有的低宕和病痛，保持接納與耐心……

也許這樣就能順利走上折返的回「家」之路了！

---

① 「未完成事件／未竟事宜」的概念與處理方式，請見本書第二章第四、第五篇。

2 遺忘與記憶

《我想念我自己》這部電影上映的第一天，我就趕著去看。但那天夜裡，我卻失眠了，重新思考起「生命的意義」這議題。

劇中描述女主角——哥倫比亞大學語言學教授愛麗絲．赫蘭博士，五十歲時罹患早發性阿茲海默症（失智症）後，與此疾病對抗掙扎以及面對因應的過程。

我曾一直堅信：「生命就是認眞地走每一步，以致人生終了時回首望去，走過的所有腳印，均能清晰地歷歷在目。」（這段話我曾寫在大學畢業紀念冊上）但是看著主角一點一滴失去自己引以爲傲的學識、掌控感、自我感和生活能力，聽她哭喊著：「我這輩子的努力都要煙消雲散！」我困惑了……

當生命累積起來的所有一切，都將不復記憶，那人生還擁有什麼？那發生過的美好與痛楚，又真的存在過嗎？

「活在當下」「放下過去」是我這些年來勉力實踐的人生哲學。看著主角被迫學著接受不斷失去的狀況，也恐懼著不知道自己再來將會失去什麼。聽著她說：「我要求自己『活在當下』，我現在也只能『活在當下』了。」不禁讓我質疑，這種只能「活在當下」、無奈地「放下過去」到底是怎樣的感覺？而和我在練習的有什麼差異呢？

我聯想到，這景象似在春天和煦的陽光下，雪人將逐漸消融殆盡，而如雪人般的「我」即將不見了……很是諷刺地，春暖大地，所有生命都開始甦醒、生長，而雪人卻將消失……

這部電影「其實」充滿了愛，以及女主角帶著勇氣努力面對自己的正向力量。主角曾說，她得病後想起自己小時候，因爲知道美麗的蝴蝶生命短暫而難過不已。母親告訴她，蝴蝶活著的時間雖短，卻展現出最美麗的一生（主角的母親和妹妹在她十八歲那年，雙雙車禍身亡）。主角和小女兒之間感人的母女情，也令人動容……但我似乎被阿茲海默症的症狀嚇壞了。

當然，或許眞的都遺忘了，對本人而言，也就沒所謂「失去一切」或「沒有自我」的痛苦吧！只是，這仍讓我疑惑起生命的意義……

我的「沉重」爲何？我原本不也相信著「剎那即永恆」嗎⁉但現在發現，那其實是因爲我們能夠「記得」，而美好交會互放的光亮是可以回味的，或至少體會得到自己「曾經擁有」。因此，能安心修習「只珍惜當下，放下過往」這樣的功課。

當失去了短期和長期記憶，「忘掉」一切其實是可怕的。所有「互放的光亮」沒有留下任何痕跡、毫無任何線索，這還算是曾經擁有嗎？或說，那剎那眞的能成「永恆」？

阿茲海默症病程走到後期，就如萬芳的歌這樣唱著：「不要當我的女兒，不要當我的愛人，遺忘是一種好幸福的殘忍……」，對患者而言，什麼都不記得也許幸福，然而對患者身邊的人，遺忘可就是一種殘忍。最痛的失落，是不能告別、不能哀悼的失去——他在那兒，微笑與你同在，但是那個曾與你相愛相知的人，卻已經不見了、失去了……這在某種程度上，不就與死亡無異？

「我們全都是一日浮生；記人者與被記者都是，全都只是暫時的——記憶與被憶亦然。等時候到了，你將忘記一切；等時候到了，所有的人也都將忘記你。總要時時記得，不多久，你將一無所是，你將不知所終①。」

可是，被遺忘的「記憶」眞的不存在了嗎？其實想想，經歷過的一切就是經歷過，所發生的事情或多或少都影響著我們日後的發展。也就是說，那一切已經作用在我們身上，現在的我正是過往所有經歷的整合，只是不以「記憶」的方式留下！然而有些時候，我們反而是被過往的痛苦「記憶」所綁架。所以，我想先來談談相對於遺忘的「記憶」這個議題。

擺脫情緒影響，與過往經歷和解

對於那些忘不掉的難受記憶，其中的不愉快情緒又無法轉化，以致我們常困在舊有的記憶中難以前行。我們之所以活在過去的記憶中，主要是因爲未曾好好地面對與處理那「記憶」。

例如，孩子渴望父母的肯定，但未能得到，只記得遭指責、嫌棄的感覺；親密關係因誤會而分手的記憶，在沒機會澄清、挽回下而退卻不去；在學校遭同學羞辱或霸凌，記得的只是無助、挫敗，再加上師長沒能即時救援，更沒機會討回公道……

之後，我們面對新的經驗時，只要有個環節神似，那些記憶就會如影隨形地出現干擾，甚至讓我們身陷其中，於是生命自然會停滯不前。

嚴格說來，「記憶」既不可能眞的忘記，刻意不理會反而更「危險」，因爲當它們被壓到潛意識去，我們就容易失去「掌控」它們的能力。其實我們也不需要「忘記」這些記憶，因爲可以透過處理「未竟事宜」的方式，重新看見和理解，再將其打包收好，有些部分的記憶更要「珍藏」②。

情緒其實在「記憶」中占有相當重要的位置。心理學家戈登·鮑爾曾提出「狀態相依記憶」（state-dependent memory）這個理論，指稱情緒會影響記憶的儲存及提取。也就是說，在某種情緒狀態下，特別會記下和此情緒相似的訊息內容。例如，當你快樂時，比較會記住所經歷事情中快樂的部分；而在快樂的時候，也容易憶起過往快樂的事。同時，人們傾向於選擇覺知與現在情緒狀態相應的事件。人們在某種情緒狀態下，會主動選擇較注意及較易感覺到和此情緒類似的事情。例如，感覺快樂的時候，比較選擇注意和感覺到當下發生的快樂事件。

這個理論看似簡單，但細想起來，這不就顯示出人生如同一個命定的循環？

譬如，一個人生長在受到嚴厲管教又缺乏愛的環境裡，自然會常經驗焦慮不安、害怕與自貶的情緒。於是，他會特別注意生活周遭讓人焦慮不安、害怕的事情。而常出現這樣的情緒，更容易記住有類似情緒的經歷。且在這樣的情緒狀態下，輕易想起的也都是過往有焦慮不安、害怕、自貶感覺的記憶。

因此，一個人是快樂或痛苦，從小就被成長世界中的情緒氛圍所決定了！這是多麼令人沮喪的事。

所幸在眞實人生中，除了少數不幸者，多數人經驗的生活事件還是悲喜參半的。即使痛苦經歷多很多，總會有開心愉悅的時候。如何幫助自己記起過往日子裡的快樂生活事件、活化快樂的感受，也許能翻轉且啓動正向情緒的循環。

我曾遇過一位個案，他原本的童年記憶中只有不愉快的經歷。我陪著他，從唯一幾張兒時出遊的照片，一同慢慢地回憶起當年雖少有，但確實存在過的快樂時光。很奇妙地，從那天起，他年幼時的快樂記憶，也就慢慢多了起來呢！

寫到這，心裡突然也就清明了！其實，記憶就是我們曾親身經歷過、當下用心走過的所有腳印或痕跡。凡走過，必留下足跡。它們就是存在著，記得也好，遺忘也罷，那都是屬於我們生命獨特的歷程。

而與他人共有的互動經驗，誰記得、誰不記得並不重要。重要的是，你們確確實實創造了共同的過往，你們之間有歡笑有眼淚，有愛或許也有怨，這就是你們曾經擁有過的相遇與關係。

人生本就有悲有喜、禍福相倚，無論經歷到什麼樣的人生挑戰都不逃跑，只要勇敢面對就能創造豐富的生命記憶。一切都值得記下，那全都是我們人生的「資產」；同時，我們也有能力在任何當下，主動選擇我們想要的「回憶」。

若有一天，我們因罹患阿茲海默症而無法記得一切了。也要相信：所有經歷過的人生事件，全都已形塑成現在的我們。那些記憶沒有消失，不論我們記得與否，它們全都在我們的身上綻放著光芒……

① 引自 Yalom, I.D.（二〇一五）。《一日浮生》（鄧伯宸譯）。臺北市：心靈工坊（原著出版於二〇一五）。本段取自此書首頁文，引自馬可斯・奧利略《沉思錄》。

② 「未竟事宜」的處理方式，請見本書第二章第五篇〈重新面對「未竟事宜」，才能完「形」〉。

3 命定與偶然

《大軍師司馬懿》劇作系列的一、二部分別是《軍師聯盟》及《虎嘯龍吟》，都是描述魏國大軍師司馬懿一生的故事。

司馬懿是位很特別的英雄人物。歷史上的英雄多是氣蓋山河、雄心大志，心高氣傲之類型，但司馬懿最厲害的功夫卻是一個「忍」字，忍人之不能忍。他受傷、入獄、被貶是常見的遭遇，曹操更曾要殺他有七次之多。

然而，「辛苦隱忍」還要立大功，可是件不容易的事。該忍不能忍，是爲衝動；不該忍而忍，則成懦弱無能之輩。要擁有足夠的大智慧，才能清楚分辨何事忍？何時忍？忍到什麼程度？忍的目的爲何？忍的方式也要聰明厲害，讓他人信以爲眞。而在那樣的時代，要能掌握這些，更是必須基於可以讀懂上位者眞正的心思和渴望，以及看清當下整個局勢的消長與變化。

司馬懿似乎做到了。他不但保護了自己和家人的安全，後來更能在長期的隱忍中積累實力，以致最後成功奪取政權，完成了三國後歷史上短暫的統一。

但我覺得，與其說司馬懿「忍」功了得，不如說他是能看得遠、看得清明，再加上還能認清自己生命裡最重要的核心價值後，爲自己做出當下認爲最好的一種「選擇」。

因爲是自己的選擇，他才能自行斷腿而辭退官職，也才可以坐著輪椅仍能開開心心地過日子（以上爲劇中所述）。

在戰場上，他能正確評估情勢，選擇最有利的守勢。即便敵方諸葛孔明送他女人衣物，嘲諷他畏戰，他也能穿上衣服自嘲，但不應戰就是不應戰。司馬懿明白，蜀軍長途跋涉在外，後方補給困難，最期待速戰速決。他評估打起仗，自己這方不一定能勝，但不接受挑戰，守著就有把握得到最後勝利。

當然，司馬懿的個性偏向小心謹愼，確實也多次因而失去先機。他怎麼也想不到，諸葛亮最爲器重的愛將馬謖，會笨到上沒有水源的山頭守街亭糧道，因此讓戰功給大將張郃占去；諸葛亮的「空城計」之所以成功，也是歸於司馬懿的過於小心，他心知有詐，仍做了保守的選擇。

歷史上對司馬懿的評價偏負向，認為他愛耍陰謀詭計、城府太深，更有殘忍背信、不忠篡位的罵名。但從情緒心理學的角度觀之，我倒認為是他隱忍受辱太長時間後，性情不變的結果。而他遭罵名的情事，多是發生在曹丕和曹叡早逝以後，那時的司馬懿也已高齡六十多了。

司馬懿在曹魏輔佐皇帝屢見功績，即使在曹操過世、曹丕和曹叡陸續繼位之際，他也都忠心耿耿，未踰越君臣之界。因此直到曹叡死前，司馬懿已經自然而然成為朝堂上最有權勢的人。當時太子曹芳年僅八歲，曹叡生前命令其親族曹爽和司馬懿共同輔政。

曹爽位居高位，野心也就託大了。他聽從親信讒言，開始排擠、打壓司馬懿。不僅拔去司馬懿的兵符，更架空他在朝中的實權，不讓他參與政事。司馬懿索性第三次裝病，配合自己的年紀扮演嚴重的病。以現代醫學而言，他「得到的」是中風加上老年失智症（阿茲海默）。此舉成功騙過曹爽，使其掉以輕心。

這時，司馬懿決定再也不要屈居人下、不願再受屈辱，特別是面對曹爽這樣狂妄自大的人。他決定「拔出」塵封多年的劍，和兒子們暗中布局。然後伺機發動政變，控制京城，逼使曹爽投降，史上稱之爲「高平陵之變」。最後，司馬懿更殘忍地處死曹爽等人，誅滅其三族，前前後後共殺了七千多人。清除了曹氏宗室以曹爽爲首的朝中勢力，使司馬家正式全面掌權。

司馬懿這一生所受的屈辱，即便多數爲他自己所選，但聰明且足智多謀的他會這樣選擇，有他對情勢的評估與判斷。世事殘酷，若要保住性命、保住家人，以及保住理想與原則，小不忍則亂大謀呀！但這些無奈的選擇，在內心深處必然留下傷痕。而隨著外在環境移轉，這些傷所聚集的情緒能量，確實足以改變一個人原有的善與愛。

偶發片段串起人生

看這些故事，讓我感慨很深，慶幸自己生長在民主法治的國家。這些亂世英雄的人生很是悲涼！皇帝再如何年幼無知、剛愎自用、多疑任性、無能無德，只要是臣子，就必須服從這樣家天下的世襲威權體制，尊崇天子個人之命……

另外，從歷史宏觀角度觀之，這些故事的發展卻也是一種必然、一種天命；從微觀角度探之，卻似乎又是由一些偶然或突發事件所成就的呢！

劇中，郭照後來成爲曹丕妻子、皇帝曹芳的太后。她年輕時，投奔義姊司馬懿之妻，路上正巧遇上曹丕。當時郭照的坐騎受驚，多虧曹丕相救。這一次巧遇，讓曹丕和郭照雙方升起情愫，也就改變（或說創造）了後續事件的不同發展方向。郭照嫁給曹丕爲二房，並深受寵愛。後來曹丕正室先亡，郭照便成爲皇后。郭照是當年曹丕中郎將與司馬懿之間連結的關鍵人物。沒有郭照，或說郭照沒有嫁給曹丕，司馬懿的人生可能會完全不同。

再看曹操的軍師郭嘉，此人深得曹操信任，也最能理解曹操的所思所想，更不像曹操其他大臣如荀彧等，以維持漢室正統爲要務。郭嘉輔佐曹操處理了漢老臣們的「起義」、滅了袁紹。然而就在這個屬於曹操的大好時機，年輕的郭嘉病逝了。他的早死，確實可能改變曹操之後的發展。而他臨死前奉勸曹操：「司馬懿是能人，絕不能讓他爲漢室或吳蜀所用，若收服不了，則殺之。」這遺言似乎也在司馬懿的命運中，造成關鍵性的影響。

曹操最疼愛的兒子曹沖早夭，也是個重要的歷史變數。《三國》一劇中，更暗示曹丕用毒蛇毒死了親弟弟。不過，無論這陰謀是否爲眞。在《大軍師司馬懿》此劇中，曹操喪子痛心之際對曹丕吼出：「沖兒死，是吾之大悲，汝之大喜也。」這句話，即可知曹操內心認爲小兒子的死，曹丕是得利者。可得利，確實能形成殺人動機的呀！而這父子關係的裂痕，更影響曹丕之後的作爲和心境甚鉅。

司馬懿和諸葛亮對戰的過程，也出現了幾次特殊事件。如諸葛亮第一次北伐原本相當成功，但最後戰役在街亭布陣時，他最爲器重的愛將馬謖，違背他的交代，又不聽副將王平諫言，自認居高臨下攻敵可勢如破竹，便捨棄水源而上山布陣。魏軍大將張郃切斷水源、掐斷糧道，將馬謖部隊圍困於山上，縱火燒山，造成蜀軍大敗。

其實，劉備臨終前即告誡過諸葛亮：「馬謖言過其實，不可大用，君其察之！」諸葛亮也並非不瞭解馬謖，因此派他出去後就一直不安。身邊的人安慰諸葛亮，既已多次交代馬謖，他應該不致出錯。諸葛亮反而更是擔心，因爲知道馬謖心性高傲，越提醒他越可能造成反效果。因此，這次的失敗讓諸葛亮極其自責，上表自貶三級並斬馬謖以謝眾人。之後，諸葛亮多次北伐，都難以功就。

另一段，諸葛亮引司馬懿之子司馬昭中計，困在山谷中以火攻之。司馬懿為了救子，也只得衝進山谷。眼看諸葛亮計謀就要成功，司馬懿父子三人將喪生火海箭雨中。突然，風雲變色、大雨傾盆，讓司馬懿父子幸運逃過一劫。歷史就此因這場及時雨而改寫……

歷史似乎就是由不斷地偶發事件而創造出來的，人生不也是如此嗎？——既是命定，也是偶然……

4

拒絕一再掉進內心黑洞

心理學家沃爾夫所比喻的五段式心路歷程是這樣的：

一、

我沿著這條街走，人行道上有一個洞，

我掉進洞裡，我完了……我沒希望了，

這不是我的錯，我要好久好久才能從洞裡爬出來。

二、

我沿著這條街走，人行道上有一個洞，

我裝做沒看到這個洞，我又掉進洞裡，
我不敢相信自己又掉到同一個地方。
可是這並不是我的錯，我還是花了許多時間才從洞裡爬出來。

三、

我沿著這條街走，人行道上有一個洞，
我看到這個洞了，
我又掉進洞裡……因爲已經習慣了。
我張大眼睛，知道自己在哪裡，
這是我的錯，我馬上就從洞裡爬出來了。

四、

我沿著這條街走，人行道上有一個洞，
我繞過這個洞。

五、我決定走另一條街①。

讀這五階段的心路歷程，你是否有種熟悉的感覺？甚至覺得自己可能會重複掉進同一個洞裡更多次？

這是怎麼一回事呢？明明知道、看見，卻總會不知不覺被「吸引」進洞？這些心裡的深洞，何以讓我們輕易地一再重重摔落？

有些人總是「看見」伴侶的「輕忽對待」、常常誤解伴侶心中的其他人都比自己重要、老是感覺自己不值得被愛。於是，他們會一次次掉進內心那「缺乏信任感與安全感」的黑洞中。若再加上試圖不斷測試自己在伴侶心中的位置，另一半即便有再多耐心與包容，也可能因挫敗、不解而放棄去救出掉入洞裡的對方。

有些人總是不顧一切地、認真努力地想幫忙親近的人。卻因急切，沒弄清那是誰的事、誰的責任、對方真正的需要，反而被抱怨做得不對、被嫌棄愛管閒事、被責怪搞不清狀況。於是，因而一再掉進「我不好、是個勞碌命的笨蛋」的黑洞中……

「過往」黑洞

在人的內心深處，存在著各式的黑洞。

其中一種黑洞，就如上述的兩個例子，是過往經驗所形成的自我認定，或早年抓住的「信念」挖出的深洞。

在人生某些時刻，我們遇上了生命中的大挑戰、失功能的重要他人、有意或無意傷害我們的人、不合理和不公平的對待。通常，以當時的年紀、能力或有限的資源，我們只能選擇藉由某些方式保護自己，例如，隔離我們的感覺、討好順服於他人、不敢承認自己的需要、不論自己多累都要拚命讓自己的學業或工作做到最好、逃開人群（甚至包括家人）等等。

或者，我們在那個混亂與備受打擊的時刻，爲自己做了個「決定」或抓到個「信念」，讓自己能因應挑戰而繼續走下去。例如，我必須要時時爲他人著想、幫助別人，他人才會喜歡和看重我；做人一切只能靠自己，絕對不能麻煩他人，也不要相信任何人；不能犯錯，不然就會被人瞧不起；表現出情緒是很可怕、很脆弱的狀態，所有情緒都該在人前藏起來等等。

然後，雖然我們漸漸「長大」了、周邊的人不一樣了、遇到的事情也不同了，但是，我們不敢輕易放下過去受傷時自我保護的方式，那時所決定的信念更已成了「絕對箴言」……我們很難覺察到，自己竟是被當時自救的方式所困住。或者，我們不敢換個方式作為，深怕不像之前那樣做，或沒有依循那樣的規條，就會發生可怕的後果。於是，即便多次掉入洞裡，我們還是無法重新選擇繞開或換條路走……

「習慣」黑洞

另一個讓我們重複掉落黑洞的原因是「習慣」。

我們自小總是要養成許多「好的」習慣。當一件事成了習慣，我們不必太費心就能完成，甚至不記得細節也能順利做到。在生活上，習慣對我們幫助很大，怎麼也會變成黑洞呢？因為當時空不同，過往養成的習慣可能不適用了，但習慣難以改變，稍不注意，自然就因積習難改而重蹈覆轍地掉進洞裡了。

和習慣有些類似的是「改變」的難。「改變」總需要一段很長的時間，過程又常起起伏伏、進進退退。因此，若急於企圖改變，原本就覺得很糟的狀況又常變得更鮮明強烈，此時對於還無法達成夢想、獲得美好結果的自己就更感不耐煩。於是，焦慮升高，混亂的狀態更嚴重。形成以下的循環：

不滿現況急著改變↓焦慮不安並情緒混亂↓舊有的習性常重複再現↓挫折放棄或嚴厲批判自己↓再一次急著想改變

而且，人們也很怕「改變」。除了改變不容易之外，我們對改變後的未知很是憂慮。我們因著安逸、怠惰的心，想留在原地的舒適圈內，不想費力去冒險改變。一旦無法與時俱進地改變現狀，黑洞就出現了，我們也難以避開。若一直不願意改變，重複掉進洞裡也是必然。

「無助」黑洞

還有一種黑洞是「習得性無助」的狀態。

「習得性無助」的心理學研究是以狗爲對象。實驗的第一階段：將一隻受試狗放進一個鐵籠裡，上頭裝有通電系統。首先，訓練狗狗注意鐵籠中的警示小燈泡一亮，即表示鐵籠馬上要通電了。此時，狗兒必須立刻按下門邊的一個按鈕裝置，就可以打開籠子的門，狗兒便能及時逃出鐵籠，不會被電到。狗狗很聰明，很快就學會這個避開電擊的方法。

這時實驗進入第二階段：實驗者破壞了那個開門的按鈕，無法再經由按鈕打開門。完成第一階段實驗的狗兒，在籠中看到燈泡亮了，想按鈕開門逃走，卻怎麼嘗試都失敗，因此不斷被電擊（實驗將電力控制在讓狗會感到痛楚，但不致造成眞正傷害）。幾經挫折之後，狗兒就不再掙扎，燈泡亮了也不再瘋狂按鈕想開門。狗兒只無力地趴在籠子裡，一動不動地任由被電擊。

更奇怪的是，當燈泡亮了、實驗者主動打開籠子的門，甚至做手勢引導，但多數已經放棄掙扎的受試狗依然趴著不動，不再逃出籠子。實驗者把這種結果稱之爲「習得性無助」——重複的挫敗會讓人自我放棄，「相信」自己無力抵抗。

在這樣的狀態下，會感覺那是一種宿命——總是得不到，也不可能得到想要的！

或說，自己就是倒楣，永遠逃不開失敗和不幸的境遇。因此，放棄覺察、放棄重新選擇的機會和勇氣、放棄任何不一樣的可能性。

避免重複掉入黑洞

不論是何種狀況，若你發現自己也很輕易地掉進某個相同的洞裡。請記得，每次要「上路」時請先靜下心來，好好地想想有哪些一直綑綁住自己的過往經驗；檢視一下自己的慣性，和那些不想但其實需要改變的事情；理解內心深處的無力感；並且勇敢承認，重複掉進同一個洞裡是自己的責任。

於是，你必能仔細觀察路況，及早看到常常不自覺掉進去的誘人黑洞，然後小心注意地繞過這個洞，別再掉入。或許，你也可以重新選擇走另一條路。即便換條路走會多花些時間，或碰上新的困難，但可以因此避開容易掉落的黑洞。不然，一再地陷落，可就難以預知自己是否能再度爬上來、還會不會有人能拉你一把……

而容易重複落入黑洞，通常是因為潛意識的運作，或出於已經成為「自動化」的心理模式，所以很難在意識面逃脫。因此，當你發現上述的思考或覺察幫不了你，請勇敢尋找專業心理師協助，一起慢慢地繞開或直接填補起那個黑洞吧！

---

① 引自 Wardetzki, B.（二〇〇二）。《別在我心靈上打耳光》（邱慈貞譯）。臺北市：智慧事業體。頁二四六－二四七。

附錄一

內、外界覺察練習

一、自我覺察三領域簡述

（一）外部領域（簡稱外界）覺察

外界覺察爲藉由眼、耳、鼻、舌、皮膚等五官所得到的訊息，也就是由五個感官各自在當下覺知到的外在事物。這些覺察也可經由同時在此時此刻的他人得到證實。

例如，眼看桌巾上的花紋，若有兩個人站在同一個時空、同一個角度，映入兩人眼簾的會是完全一樣的訊息；傾聽抽風機發出的聲響，沒有任何的評斷和感受；單純以鼻嗅聞身邊的各種氣味，不去分辨那到底是什麼味道；品嘗一顆葡萄乾放進嘴裡所感覺到的味道；感受沖澡時溫水或肥皂碰到皮膚的感覺等。

（二）內部領域（簡稱內界）覺察

內界覺察指的是對內在身體感覺及情緒生理變化的覺知，是與自己體內在此時此地接觸的感覺。這些感覺相當個人和主觀，無法由其他方法或由他人的感覺來證明。

包括餓、癢、痛、內在器官的蠕動、肌肉關節的緊繃或放鬆、吸進的空氣在身體流動等等，以及喜、怒、哀、樂、懼等情緒生理反應的感覺。

（三）中間領域（簡稱中界）覺察

中界覺察包括透過思考、想像、內在語言、擔心、焦慮、判斷、分析、計畫、比較、回憶等運作所得的覺知。較不受時間和場所的限制，覺知的內容可能是過去、未來或現在，也包括不在此處的任何場地。

中界覺察是人類發展非常重要的部分，因爲沒有時間和空間的限制，也變成是想像力、創造發明的源頭。但中界覺察也因此常被過度發展與運用，加上不受限於時間與空間，非常容易干擾及打斷另兩界的覺察，讓人們失去外在感官和身體情緒所提供的覺知訊息。且人們運用中界覺察時，更因不限時空，以致難以活在此時此地。

二、內、外界覺察練習的方法

內、外界覺察的練習，是為了恢復此兩領域的覺察功能，畢竟不能總是馬上受到中界覺察的干擾。例如看到別人單純將視線轉到自己身上（外界之視覺覺察），卻立即「想到」（中界覺察）別人是否對自己不懷好意或帶有不屑的眼神；又或者在感到情緒升起（內界覺察），就馬上告訴自己：「一切好好的，幹嘛有情緒？成熟一點，不需要有此情緒。」（中界覺察的聲音）

內、外界覺察練習初始，原則上兩界最好分開練習。而外界覺察的練習，每次也以單獨一個感官為主。盡量維持每天練習，但每次一至三分鐘即可。做此練習最重要的，是在那一至三分鐘內，不論是練習外界或內界覺察，都要讓中界（我們的思考）在那同時是停下來不運作的。

這練習並不容易，所以不必感到挫折，先練個人覺得較容易的部分。若中界很快就介入也沒關係，深呼吸三次再開始即可。前幾週，即使進行二、三十秒也行。

切記，騎車、開車等一定要三界共同合作的活動，千萬不可做單項的覺察練習。

（一）外界感官覺察活動

每天以單一感官（眼、耳、鼻、舌、皮膚）做覺察較佳。練習時，專注在那個感官的感覺上，暫時讓中界覺察完全停止運作。

一、**觸覺**：在閉上眼或矇住眼的狀況下，用手或其他皮膚（腳趾、腳底、手臂、手肘、臉頰）接觸或觸摸各種質地的東西；洗澡時，感受用水沖洗身體或以肥皂、毛巾等觸碰皮膚的感覺；閉眼感受陽光、風輕拂皮膚的感覺等等。運用黏土、沙、麵團等進行活動，或進行手指畫、腳指畫等遊戲，都是很好的觸覺體驗。

二、**聽覺**：專注用耳朵傾聽各種聲響，不做任何聯想和思考。閉上眼效果更佳。不過，聽覺隨時都在運作，無法輕易關閉。最好不要在睡前進行聽覺練習，因為專心傾聽，會加大對聲音的敏感度，容易影響入睡。

三、**味覺**：人類的味覺主要來自舌頭上的味蕾。味覺原本相當敏銳，但人們常因忙碌或心情不好而食不知味，更忽略要專心感覺食物的味道，久而久之味覺就退化了。每次給自己幾分鐘，專注體驗我們的味覺，或特意去品嘗味道鮮明的食物。可以在吃飯時，特別保留一至兩分鐘，專注於味覺的體驗。

四、**嗅覺**：人類最早的感官記憶是嗅覺，它是最具本能性和最敏銳的感覺，通常也是長年無休的，因此它的適應力最強，也就是「入芳蘭之室，久而不聞其香；入鮑魚之肆，久而不聞其臭。」的由來。現今我們生存的環境不但空氣汙染嚴重，更充斥各種濃烈的氣味，使得嗅覺的敏銳度退化最快，個別差異也最大。練習讓嗅覺專注於各種味道，不加以推論、評斷。若自然生起對味道的喜惡，也都如實接納。

五、**視覺**：對大部分人來說，視覺是最強勢的感官。因此，在說明前四種感官的覺察練習時，我都建議要閉上眼睛，以減少視覺影響其他感官的運作。而且，正因爲它的特性，讓我們常常過度依賴我們所看見的。我們的中界領域也最容易與其連結，所以，單純的視覺覺察最需要好好練習。以單純的視覺客觀、細微地好好觀看一些小物品。看太大或整片的東西容易失焦，會讓中界的思考輕易介入。

（二）內界覺察練習

內界覺察練習也一樣，最好每天固定時間進行。練習時，專注在身體裡面，包括器官的感覺及情緒的感受，暫時讓中界完全停止運作。

做內界覺察練習時，比較建議以坐姿進行，並放鬆身體、閉上眼睛。透過幾次深呼吸，把所有注意力帶入身體內在。一開始可以先感覺吸入的空氣在體內流動的感覺。

再來可以從頭或腳開始，逐一覺察身體各部位的感覺。特別有感覺的地方能多停留一下，但不論感覺爲何，都要如實接受。不去想肩膀爲什麼好緊、胃在攪動可能是餓了等等。有時，經過某個部位會升起情緒的感受，也一樣就停在那情緒裡，經驗它。

要注意的是，進行內界覺察練習，並非是在放鬆身體。重點不在讓身體放鬆、變舒服，而是要持續保持對身體內在感覺的清晰度。當然，很多人在剛開始這樣的練習時，身體會慢慢鬆弛下來，容易睡著，那也就讓其自然運行。因此，我比較建議以坐姿進行內界覺察，避免太快睡著。

另外，進行肢體動作的覺察，也可算是內界覺察的一種。體驗穩穩站立、簡單緩慢地移動身體、簡易的四肢運動等身體動覺，都是很好的身體覺察活動。不論是移動或和地面緊密接觸，重點都是專注體會身體內的感覺。

一般並不容易抓到內界覺察的要領。練習初期，當注意力進入身體之後，有的人會什麼都感覺不到，這很正常，要有耐性、仔細地留意內在的細微變化。

此外，若對情緒的接納不夠，或較少眞正「接觸」情緒者，內界覺察練習也會更爲困難。因爲許多人常常一感受到情緒，就會自動化地想壓抑或趕走它，讓中界開始運作。但相對地，要讓自己停留在升起的情緒中，只須純粹經驗和覺察它。這樣一來，除了可以練習內界覺察，還能附帶幫助瞭解和管理自己的情緒呢！

附錄二

情緒解密
——電影《腦筋急轉彎》討論題綱

劇情摘要

《腦筋急轉彎》爲二〇一五年的3D電腦動畫電影。講述主角萊莉與家人遷居舊金山後，適應新環境的過程和心理變化。

電影內容設計萊莉在搬家後，因不適應而產生了很多情緒，以及因此做出一些衝動的選擇和行動。影片中，萊莉腦中有五種擬人化的情緒，分別是：樂樂（Joy）、憂憂（Sadness）、怒怒（Anger）、厭厭（Disgust）和驚驚（Fear）。這五種情緒在萊莉的大腦總部中，透過一個控制臺來影響萊莉的行爲和記憶。

其中最重要的五顆快樂核心記憶存放在總部樞紐，各自維持著一座座塑造萊莉性格的個性島嶼。當過多新的不快樂經驗出現，就會進入大腦總部，導致原有的個性島嶼崩塌，例如「友誼島」「誠實島」等。

討論題綱

這份題綱主要提供父母、老師在帶領兒童與青少年觀賞電影後，進行討論時用以參考，但針對不同年齡層，可能需要略微調整此討論題綱。

一、萊莉心裡想什麼

討論主角萊莉所經歷的變化與壓力。並讓孩子試著想像，如果是自己經驗到這些，會有哪些情緒？

另可細緻討論各個單一事件，例如萊莉和好友視訊時，得知好友有新朋友「取代」自己的位置，好友還興奮地提及與新朋友打球很有默契……

- 萊莉為何那麼生氣地馬上斷訊？
- 這起事件何以導致「友誼島」崩塌？

二、常見的「怒怒」

「怒怒」是孩子最常經驗的情緒，需要好好討論。因爲情緒很容易在人際間互相影響，特別是生氣情緒。電影中提到有次用餐時，父親與萊莉相互激起憤怒情緒。

- 父親在氣什麼呢？萊莉呢？
- 萊莉的主軸情緒似乎不是憤怒，那是什麼？爲什麼會用憤怒來表達？
- 萊莉內心最需要什麼？她之前和父母關係很好，何以此時沒能說出眞正感受？
- 可以憤怒，但如何表達才不會變成那樣的結果？
- 「怒怒」很有力量但也很衝動，以致想出蹺家、回到家鄉的「處理方法」，且毅然決然去執行，演變出萊莉內在更大的衝突（偷錢、欺騙，瓦解了自己的信念，導致「誠實島」崩塌），也可能引發出危險且不可控的後果。讓孩子想想這樣決定的可能後果會是什麼？
- 如何與自己的「怒怒」相處？如何能不讓「怒怒」當老大？眞的很生氣時，該怎麼辦才不會做出衝動、不當的決定與行爲？

三、特別的「憂憂」

「憂憂」的角色很特別。我個人認爲劇本寫得非常專業，且傳達出每個情緒「都有各自的功能、都很重要」的概念。引導者要特別注意：每個孩子的「情緒本質①」不同。有的孩子就是「憂憂」比較強勢，要接納他這樣的特性。若是以團體進行討論，更要讓孩子們知道情緒有很大的個別差異。每個人大腦中帶有的天生氣質和累積的「情緒記憶②」都是獨特的，也因此塑造了獨一無二的個體。

- 討論悲傷、憂鬱的情緒，問問孩子們是否有相關的經驗。
- 當這樣的情緒升起時該如何看待？
- 爲什麼「憂憂」最後能改變萊莉的作爲？
- 「樂樂」如何發現「憂憂」的功能？
- 「憂憂」常想起負面想法與記憶，也愛哭，我們該怎麼和自己的「憂憂」相處？

四、「樂樂」老大

- 萊莉的大腦主控室中，「樂樂」似乎是老大。這是如何形成的？
- 我們可以主動創造，使「樂樂」也成爲我們腦中的領導者嗎？

五、想像友伴

電影中也安排萊莉小時候，腦中有個自己創造的想像友伴。可以和孩子討論他們這部份的相關經驗。現在很多家庭爲獨生子女或只有兩個子女，父母若很忙，這樣的想像友伴特別容易產生。

- 他們有過這樣的朋友嗎？是怎樣的朋友？他們一起做些什麼？
- 這個友伴什麼時候不再出現？
- 童年有趣的經歷也可趁機做一次回顧和追憶。

六、潛意識和夢

電影也談潛意識和夢，這是平時不容易討論的主題，透過劇情聊聊也很有意思。

①有關天生氣質和氣質向度中的「情緒本質」概念，請詳閱本書第七章第一篇〈你真的「知道」人人大不同嗎？〉。

②「情緒記憶」的觀點，則可參閱本書第八章第二篇〈遺忘與記憶〉。

國家圖書館出版品預行編目資料

遇見完形的我：用覺察、選擇、責任與自己和好，解鎖人生難題／曹中瑋 著. -- 初版 -- 臺北市：究竟，2020.12
336面；14.8×20.8 公分 --（心理；61）

ISBN 978-986-137-308-9（平裝）

1. 心理諮商

178.4 109016456

圓神出版事業機構 Eurasian Publishing Group 究竟出版社 Athena Press

www.booklife.com.tw reader@mail.eurasian.com.tw

心理 061

遇見完形的我：用覺察、選擇、責任與自己和好，解鎖人生難題

作　　者／曹中瑋

發 行 人／簡志忠

出 版 者／究竟出版社股份有限公司

地　　址／臺北市南京東路四段50號6樓之1

電　　話／（02）2579-6600・2579-8800・2570-3939

傳　　真／（02）2579-0338・2577-3220・2570-3636

總 編 輯／陳秋月

副總編輯／賴良珠

專案企畫／尉遲佩文

責任編輯／蔡緯蓉

校　　對／蔡緯蓉・林雅萩

美術編輯／蔡惠如

行銷企畫／詹怡慧・陳禹伶・鄭曉薇

印務統籌／劉鳳剛・高榮祥

監　　印／高榮祥

排　　版／杜易蓉

經 銷 商／叩應股份有限公司

郵撥帳號／18707239

法律顧問／圓神出版事業機構法律顧問　蕭雄淋律師

印　　刷／祥峯印刷廠

2020年12月　初版

2023年9月　7刷

定價360元　ISBN 978-986-137-308-9